Softwaretesten nach ISTQB Standard Kompakt+

Autor: Klaus Oberbörsch

kindle direct publishing

Auflage 1, Januar 2019

Erhältlich auf allen Amazon Plattformen
Amazon ISBN: 9781727117424

oder direkt beim Autor
bestellung@oberboersch.com
www.oberboersch.com

Klaus Oberbörsch
Danziger Str. 22
38550 Isenbüttel

Größere Stückzahlen auf
Anfrage mit Preisstaffel

Inhalt und Struktur basiert auf dem deutsch-sprachigen Lehrplan vom GTB in der Version 2018 D, 5.9.2018

2 EINLEITUNG

Dieses Buch basiert auf meiner jahrelangen, internationalen Erfahrung als akkreditierter Trainer für die ISTQB® Zertifizierungen Certified Tester Foundation Level und Avdanced Level Testmanager mit mehr als insgesamt 2000 Teilnehmern und einer durchschnittlichen Bestehensquote von über 95 %.

Es handelt sich hierbei um KEINE offizielle Trainingsunterlage nach ISTQB® Zertifizierungsstandard, sondern um eine kompakte Zusammenstellung aller Themen, die gem. aktuellem Syllabus (Version 2018!) zur Zertifizierung zum ISTQB® Certified Tester Foundation Level gehören.

Zusätzlich habe ich einige weiterführende Themen mit aufgenommen, die eigentlich zum Themengebiet des Testmanagements gehören, aber grundsätzlich wichtige und interessante Aspekte rund um das Testen beschreiben.

Somit ist diese Unterlage vielfältig zu verwenden, als Informationsquelle über alle nach ISTQB® Standard relevanten Testbegrifflichkeiten, -verfahren und Methoden, als (zusätzliche) Vorbereitung zur Zertifizierungsprüfung und für Trainingsunternehmen als begleitende Schulungsunterlage.

Zusätzliche Informationsquellen zu den Themen Softwaretesten, Qualifizierungen, Buchempfehlungen u. ä. sind im Anhang aufgeführt.

3 Lehrplan CTFL 2018

1. Grundlagen des Testens

- 1.1 Was ist Testen?
  - 1.1.1 Typische Ziele des Testens
  - 1.1.2 Testen und Debugging
- 1.2 Warum ist Testen notwendig?
  - 1.2.1 Der Beitrag des Testens zum Erfolg
  - 1.2.2 Qualitätssicherung und Testen
  - 1.2.3 Fehlhandlungen, Fehlerzustände und Fehlerwirkungen
  - 1.2.4 Fehlerzustände, Grundursachen und Wirkungen
- 1.3 Sieben Grundsätze des Testens
- 1.4 Testprozess
  - 1.4.1 Testprozess im Kontext
  - 1.4.2 Testaktivitäten und Aufgaben
  - 1.4.3 Testarbeitsergebnisse
  - 1.4.4 Rückverfolgbarkeit zwischen der Testbasis und Testarbeitsergebnissen
- 1.5 Die Psychologie des Testens
  - 1.5.1 Humanpsychologie und Testen
  - 1.5.2 Denkweisen von Testern und Entwicklern

2. Testen im Softwareentwicklungslebenszyklus

- 2.1 Softwareentwicklungslebenszyklus-Modelle
- 2.1.1 Softwareentwicklung und Softwaretesten
- 2.1.2 Softwareentwicklungslebenszyklus-Modelle im Kontext

Notizen, Anmerkungen:

4 Grundlagen des Testens

4.1 Glossar

Die Begriffsvielfalt im Softwaretesten kann zu Kommunikationsproblemen und Missverständnissen führen. Es empfiehlt sich daher die verwendeten Begriffe, Methoden und Verfahren mit etablierten Standardbegrifflichkeiten abzugleichen/anzupassen.

Als Basis kann man das aktuelle Glossar der ISTQB® benutzen, auszugsweise oder auch ergänzt, um firmenspezifische/branchenspezifische Begrifflichkeiten festzulegen. Somit kann die effektive Kommunikation zwischen allen Beteiligten (interne, externe, neue Mitarbeiter, Stakeholder ...) gewährleistet werden.

Hier ein Auszug aus dem ISTQB® Glossar, das auf der Seite des GTB (German Testing Board) in Deutsch und Englisch zu finden ist.

A B C D E F G H I K L M N O P

German Testing Board

ISTQB® GTB Standardglossar der Testbegriffe
Version vom 21.05.2017
© ISTQB AISBL, German Testing Board e.V.

Deutsch
Englisch

A

ablaufbasierter Test	Testen mit dem Ziel festzustellen, ob die **Komponente** oder das **System** im Zusammenspiel mit neuen oder vorhandenen Benutzer-Geschäftsprozessen oder Betriebsprozessen arbeiten kann.
Ablauftest	Ein Ansatz zum **Komponentenintegrationstest**, bei dem die fortlaufende **Integration** der Komponenten entsprechend der Umsetzung von Untermengen von Anforderungen durchgeführt wird, im Gegensatz zu der **Integration** nach Hierarchiestufen (Top-Down, Bottom-Up etc.).
Abnahmekriterien	Diejenigen Kriterien, die ein **System** oder eine **Komponente** erfüllen muss, um durch den Benutzer, Kunden oder eine bevollmächtigte Instanz abgenommen zu werden. [Nach IEEE 610]

4.2 NORMIERUNGEN

Das **DIN**, Deutsches Institut für Normung e. V., ist die nationale Normungsstelle der Bundesrepublik Deutschland, dort werden u. a. die Qualitätsmerkmale von Software beschrieben.

- Beschreibung der Qualitätsmerkmale von Software in der Norm ISO 25010 (s. a. Kapitel 4.7).

Das **IEEE**, früher Akronym für **I**nstitute of **E**lectrical and **E**lectronics **E**ngineers, Inc., Mitglieder von Standardisierungskreisen sind Interessierte aus der ganzen Welt. Die IEEE-Standards werden weitgehend vom ANSI (American National Standard Institute) übernommen. Diverse Standards, u. a. zum Thema Dokumentation:

- **ISO/IEC/IEEE 29119:** Löst einige in die Jahre gekommene Standards rund um das Softwaretesten ab. Es handelt es sich dabei um die IEEE 829 zur Testdokumentation von 2008, IEEE 1008 zu Unit Testing aus 2009 und BS 7925 zu Testtechniken. Der neue Standard ist in fünf Teile aufgeteilt:
    - 29119-1: Konzepte und Definitionen (Concepts & Definitions)

  - 29119-2: Testprozesse (Test Processes)
  - 29119-3: Testdokumentation (Test Documentation)
  - 29119-4: Testtechniken (Test Techniques)
  - 29119-5: Schlüsselwortgetriebenes Testen (Keyword Driven Testing)

- **ISO/IEC 20246**: (2017) Software and systems engineering - Work product reviews
- **ISO/IEC 15504-5 oder SPICE** (Software Process Improvement and Capability Determination), ist ein internationaler Standard der ISO zum Durchführen von Bewertungen (Assessments) von Unternehmensprozessen, ursprünglich mit dem Schwerpunkt auf der Softwareentwicklung.

  Die ISO/IEC 15504 „Information technology – Process assessment" besteht aus zehn Teilen. Die Teile 1 bis 6 stellen die Norm dar (IS – Internationaler Standard); die Teile 7 bis 10 sind Ergänzungen (TR – Technischer Bericht oder TS – Technische Spezifikation).

Daneben gibt es noch eine Vielzahl von Standards, die sich nach Branchen und nationalen und internationalen Standards unterscheiden lassen.

4.3 Standards in der Qualitätssicherung

Es bleibt in verschiedenen Branchen nicht dem Zufall überlassen, was und wie getestet wird, sondern nationale, internationale und branchenspezifische Standards geben genaue Vorgaben, welche Tests und mit welchen zertifizierten Testwerkzeugen diese Tests durchzuführen sind.

Beispiele für branchenspezifische Standards (national/international):

- ISO 26262 (Automotive)
- DO 178-C/ED-12C (Luft- und Raumfahrt)
- EN 50128 (Eisenbahn)
- IEC 61508 (elektronische Systeme)
- IEC 62304/FDA (Medizintechnik)
- EN ISO 13485 (Qualitätsmanagementsysteme für Medizinprodukte)

Es ist Aufgabe des Testmanagements die relevanten Standards zu kennen und die Compliance (Einhaltung von gesetzlichen Bestimmungen, regulatorischer Standards und anderen Regeln) sicherzustellen.

Daneben gibt es viele firmenspezifische Vorgaben, die aus Best Practice entstanden sein können und/oder die sich aus erworbenen Zertifizierungen und Audits ergeben.

Ebenso ist die Definition eines firmenspezifischen Testprozesses eine Qualitätssicherungsmaßnahme, da somit eine Standardisierung der Abläufe gewährleistet wird und gesammelte Erfahrungen in die nächsten Projekte einfließen können.

4.4 Was ist Testen

Da wir mit Softwaresystemen heute fast überall im Leben zu tun haben, merkt man die Auswirkungen von nicht oder nicht richtig funktionierender Software direkt. Es kann dann zu verschiedensten Problemen kommen:

- Zeit-, Geld- oder Imageverlust
- Schaden an Leib und Leben
- Nichtbenutzung der Anwendung/Umgehung der Softwarelösung

Daher ist Softwaretesten eine Möglichkeit die Qualität von Software festzustellen und evtl. Risiken im Praxiseinsatz zu reduzieren.

Unter Testen versteht man nicht nur die Ausführung der Software um evtl. Fehlerzustände zu finden, sondern auch alle Testmanagementaktivitäten wie Planung, Vorbereitung, Durchführung und Kontrolle der Tests (s. a. Kapitel 4.6).

Der Unterschied, Test durchzuführen, wenn die entwickelte Software zur Ausführung kommt – dynamische Tests und Tests der Anforderungen (Reviews) und Quellcode ohne Ausführung – Statische Tests wird später detailliert beschrieben.

In der Literatur findet man eine Vielzahl von Definitionen, die das Testen beschreiben:

Definition Testen lt. Wikipedia

- Ein Softwaretest prüft und bewertet Software auf Erfüllung, der für ihren Einsatz definierten Anforderungen und misst ihre Qualität. Die gewonnenen Erkenntnisse werden zur Erkennung und Behebung von Softwarefehlern genutzt. Tests während der Softwareentwicklung dienen dazu, die Software möglichst fehlerfrei in Betrieb zu nehmen.

Definition Testen lt. GTB-Glossar

- Der Prozess, der aus allen Aktivitäten des Lebenszyklus besteht (sowohl statisch als auch dynamisch), die sich mit der Planung, Vorbereitung und Bewertung eines Softwareprodukts und dazugehöriger Arbeitsergebnisse befasst. Ziel des Prozesses ist sicherzustellen, dass diese allen festgelegten Anforderungen genügen, dass sie ihren Zweck erfüllen und etwaige Fehlerzustände zu finden.

Definition Testen von Steve Mills (Senior Vice President and Group Executive IBM Software)

- Testen zur **Feststellung** der Qualität „... the process of executing a program with the intent to certify its quality.

Definition Testen von Glenford J. Myers

- Testen, um Fehler(zustände) zu **finden** [„The Art of Software Testing", 1979] „... the process of executing a program with the intent of finding errors.

Definition Gabler Wirtschaftslexikon

- Begriff: Überprüfung eines Programms oder eines Softwaresystems auf Funktionsfähigkeit.
- Zweck: Aufspüren und Beseitigen von Fehlern, nicht aber der Nachweis der Korrektheit. Letzteres ist durch Testen nicht möglich.

4.4.1 Typische Ziele des Testens

Für die Praxis heißt das, wir testen Softwaresysteme und Dokumente (Review) um das Risiko, dass Probleme im operativen Betrieb auftreten, zu reduzieren und damit die Qualität des Softwaresystems zu erhöhen, indem Fehlerzustände vor der Übergabe des Systems in die Produktion identifiziert und behoben werden. Damit sollen folgende Ziele des Testens erfüllt sein:

- Aufdecken von Fehlerzuständen
- Erzeugen von Vertrauen beim Anwender (Funktionalität, Usability)
- Lieferung von Informationen für die Entscheidungsfindung
- Fehlerwirkungen (Fehler, die bei Ausführung des Programms auftreten) vorbeugen
- Nachweis, dass die festgelegten Anforderungen erfüllt sind
- Zufriedene Kunden und Nutzer
- Marktposition stärken/besseres Image gegenüber den Wettbewerbern
- Vermeidung von Regressforderungen
- ...

4.4.2 Testen und Debugging

Diese beiden Tätigkeiten lassen sich klar abgrenzen und können auch bestimmten Rollen zugeordnet werden:

Testen: Mit Testen finden wir Fehlerwirkungen (äußere) Fehler, die durch Fehlerzustände (innere Fehler) entstehen (Erläuterung s. a. Kapitel 4.5.5).

Debugging: Hier handelt es sich um eine Entwickleraktivität, meistens im Komponententest, mit der die Fehlerzustände analysiert, gefunden und anschließend behoben werden. Entsprechende Erfahrungen in der Softwareentwicklung und entsprechende Werkzeuge/Entwicklungsumgebung sind notwendig.

„Tätigkeit des Lokalisierens/Identifizierens, Analysierens und Entfernens der Ursachen von Fehlerwirkungen in der Software" (GTB Glossar).

4.5 Warum ist Testen notwendig

Gründliches Testen und auch das ausführliche Review der Anforderungen/Spezifikationen kann dabei helfen, das Risiko von Fehlerwirkungen zu reduzieren, die während des Betriebs auftreten können. Wenn Fehler entdeckt und in der Folge behoben werden, trägt dies zur Qualität und Akzeptanz des Systems bei.

Auch die Erfüllung rechtlicher Anforderungen und/oder branchenspezifischer Standards wird so gewährleistet.

4.5.1 Beispiele für Softwarefehler:

- Beim Kampfflugzeug F-16 brachte der Autopilot das Flugzeug in Rückenlage, wenn der Äquator überflogen wurde. Dies kam daher, dass man keine „negativen" Breitengrade als Eingabedaten bedacht hatte. Dieser Fehler wurde sehr spät während der Entwicklung der F-16 anhand eines Simulators entdeckt und beseitigt.

- Im Dezember 2014 arbeitete eine Software „fehlerhaft", die die Produktpreise abhängig vom Preis bei der Konkurrenz automatisch festlegt. Auf dem Marktplatz des Online-Versandhändlers Amazon wurden die Verkaufspreise vieler Händler für Hunderte Produkte auf 0,01 Englische Pfund gesetzt. Einigen Anbietern drohten mehrere Zehntausend Pfund Verlust, mitunter befürchteten einige, die Panne könne sie in den Konkurs treiben.

- 
  Im August 2012 verlor die Firma Knight Capital innerhalb von 45 Minuten mehr als 440 Millionen US-Dollar (359 Millionen Euro) durch einen Fehler in ihrer Aktienhandels-Software. Ein neues Handelsprogramm überflutete den Markt mit fehlerhaften Handelsaufträgen und häufte einen Berg zu teuer gekauften Aktien an. Die folgende Rettung der Firma durch Investoren kostete die Alteigentümer 70 bis 75 Prozent ihrer Anteile am Unternehmen.
- 
  1999 verpasste die NASA-Sonde Mars Climate Orbiter den Landeanflug auf den Mars, weil die Programmierer unterschiedliche Maßsysteme verwendeten (ein Team verwendete das metrische und das andere das angloamerikanische) und beim Datenaustausch es so zu falschen Berechnungen kam. Eine Software wurde so programmiert,

dass sie sich nicht an die vereinbarte Schnittstelle hielt, in der die metrische Einheit Newton × Sekunde festgelegt war. Die NASA verlor dadurch die Sonde.

- 
Das ERP-System des britischen Schokoladenherstellers Cadbury verursachte durch einen Bug (Softwarefehler) eine Überproduktion von Schokoladenriegeln, die nicht abgesetzt werden konnten. 48 Millionen Euro soll der Bug dem Unternehmen gekostet haben.
- 
In Heathrow, ausgerechnet an einem langen Ferienwochenende brach auf Europas größtem Flughafen das Computersystem von British Airways zusammen. Zwei Tage lang mussten weltweit fast alle Flüge gestrichen werden, Zehntausende Passagiere strandeten, ihr Gepäck wurde tagelang nicht ausgeliefert. Schwestergesellschaften der britischen Fluglinie waren ebenfalls betroffen, der Schaden summiert sich auf einen dreistelligen Millionenbetrag. Mit ähnlichen Problemen hatten schon an-

dere Fluggesellschaften zu kämpfen, darunter Delta, Southwest, American Airlines, United und die Lufthansa.

- 
Ein großes Systemhaus hat die Software A2LL für die Bearbeitung des Arbeitslosengeldes II programmiert. Wegen diverser Funktionsmängel arbeitete die Software mit fast 100 „Umgehungslösungen". A2LL kam z. B. mit der erlassenen Freibetragsregelung nicht klar, so dass ein zusätzlicher Arbeitsaufwand von 10 Minuten pro Vorgang entstand. Der von der Bundesregierung geschätzte Gesamtschaden beläuft sich auf 28 Mio. €.

- 
Durch einen Software-Fehler erfassten und verschickten Finanzämter bei bis zu 600.000 deutschen Steuerzahlern falsche Lohnsteuerdaten. Dabei verwechselte die Software beispielsweise die Religionszugehörigkeit, löschte bisher gültige Freibeträge und vertauschte bei Ehepaaren die Lohnsteuerklassen „drei" und „fünf" miteinander. Die elektronische Lohnsteuerkarte ist mit insgesamt zwei Jahren Verspätung im Jahr 2013 eingeführt werden.

4.5.2 Der Beitrag des Testens zum Erfolg

Die immer wieder auftretende und auch mit Abstand häufigste Ursache für die Entstehung von Fehlern zeigt die Grafik.

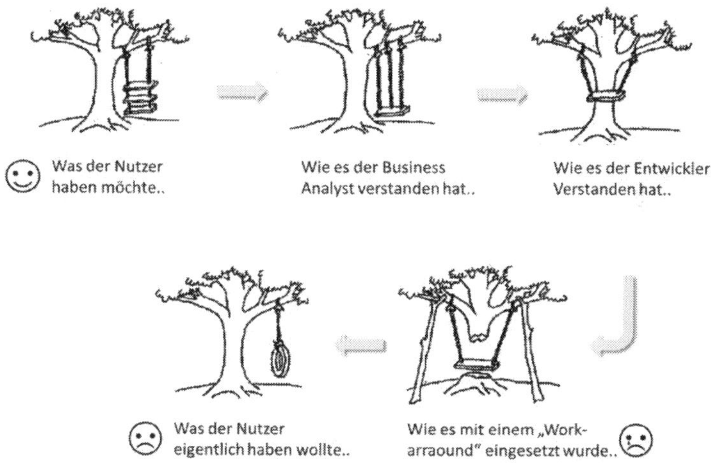

Quelle: http://www.progesis.net/humour.php

Trotz besseren Wissens wird in den Entwicklungs- und Konzeptionsphasen viel zu wenig Zeit für die Durchführung von Reviews eingeplant, um von Anfang an die richtige, vom User gewünschte Lösung zu realisieren. Im Projektmanagement spricht man in diesem Zusammenhang vom sogenannten „Whiscy" Syndrom:

WHy **I**sn't **S**am **C**oding **Y**et

Dass alle Beteiligten an diesem Prozess mehr oder weniger unzufrieden sind ist klar, der Entwickler hätte natürlich gerne die Nutzeranforderung korrekt umgesetzt, wenn seine Vorgaben korrekt gewesen wären.

Der Nutzer ist unzufrieden, weil er mit der Lösung nicht arbeiten kann/will. Eine ähnlich „schöne" Darstellung kann man sich auf dieser Seite selber zusammenstellen: www.projectcartoon.com.

Es verwundert nicht, wenn solche Lösungen vom Kunden nicht akzeptiert bzw. sogar boykottiert werden.

Der Hauptgrund dafür liegt in Anforderungsspezifikationen, die selten, unzureichend oder gar nicht einem Reviewprozess unterzogen werden. Ebenfalls ist eine fehlende Einbeziehung aller Stakeholder (Projektumfeld) durch eine Stakeholderanalyse für diese Fehlentwicklung verantwortlich.

In der Praxis bemerkt man daher häufiger eine Entwicklung zu einer sog. „Schatten IT", d. h. der Anwender baut sich mit eigenen Mitteln eine für ihn anwendbare Lösung oder nutzt die gebotenen Funktionalitäten nicht.

Dies führt oft zum Gegenteil der eigentlich angestrebten Lösung. Wenn z. B. im Rahmen einer Lösung zum papierarmen Büro ein Dokumenten-Management-System eingesetzt wird, so spielen viele Faktoren eine ausschlaggebende Rolle für die Akzeptanz und Nutzung des Systems. Bei schlechtem Antwortzeitverhalten, unzureichender Hardware und mangelnden Funktionalitäten werden die digital gespeicherten Dokumente ausgedruckt, um dann eine manuelle Bearbeitung vorzunehmen.

Der Mitarbeiter muss ein gewisses Arbeitspensum am Tag erledigen und nutzt die für Ihn optimale Lösung aus.

Hier spielt auch das Thema Schulung/Einweisung und laufender Anwendersupport eine wichtige Rolle.

Von Papiereinsparung oder digitaler Bearbeitung bleibt hier nichts über, div. Medienbrüche und Frust der Mitarbeiter inklusive.

4.5.3 FEHLERKOSTEN

Am Beispiel der Zehnerregel (rule of ten) zeigt sich, dass für jeden Fehler, der erst in den späten Phasen des Werdeganges eines Produktes oder Prozesses entdeckt wird – oder gar erst beim Kunden/in Produktion – die Kosten zur Behebung dieses Fehlers umso höher werden.

Eindrucksvoll untermauert wird die Zehnerregel durch die Ergebnisse div. Studien in Japan, USA und Großbritannien, die sich mit den Ursachen von Produkt- bzw. Qualitätsmängeln beschäftigten.

Alle Analysen lieferten nahezu die gleichen Ergebnisse: ca. 70 % aller Produktmängel hatten ihre Ursache bereits in der Anforderungsanalyse, Entwicklung, Konstruktion und Umsetzung.

Die Umsetzung selbst hat bezüglich der Endqualität des Produktes offensichtlich eher einen sekundären Einfluss. Auch eine VDMA-Studie zum Thema „Qualitätsbezogene Kosten“ bestätigt dieses Ergebnis.

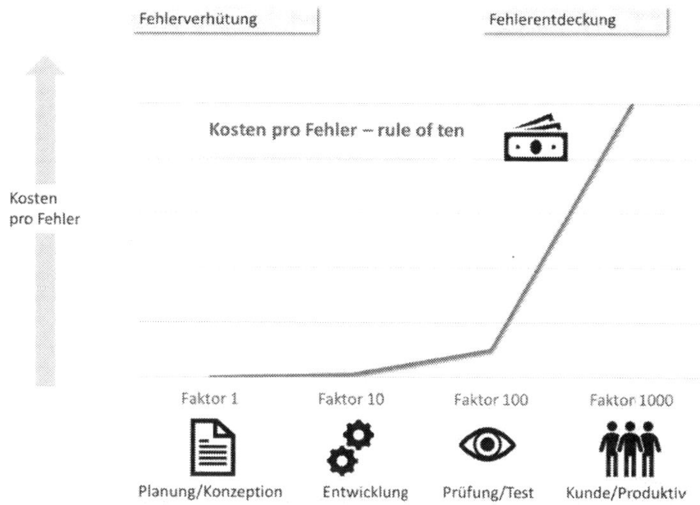

Die Zehnerregel der Fehlerkosten oder „rule of ten“ sagt aus, dass sich die Fehlerkosten für einen nicht entdeckten Fehler von Stufe zu Stufe der Wertschöpfung um den Faktor 10 erhöhen. Je früher ein Fehler entdeckt und beseitigt wird, desto kostengünstiger ist dies für die Organisation. (s. a. Geschäftswert des Testens Kapitel 10.1)

4.5.4 Qualitätssicherung und Testen

Sowohl der statische Test als auch der dynamische Test gehören zum Thema Qualitätssicherung und haben den Fokus auf die Fehlerfindung. Man spricht hier auch von der analytischen Qualitätssicherung.

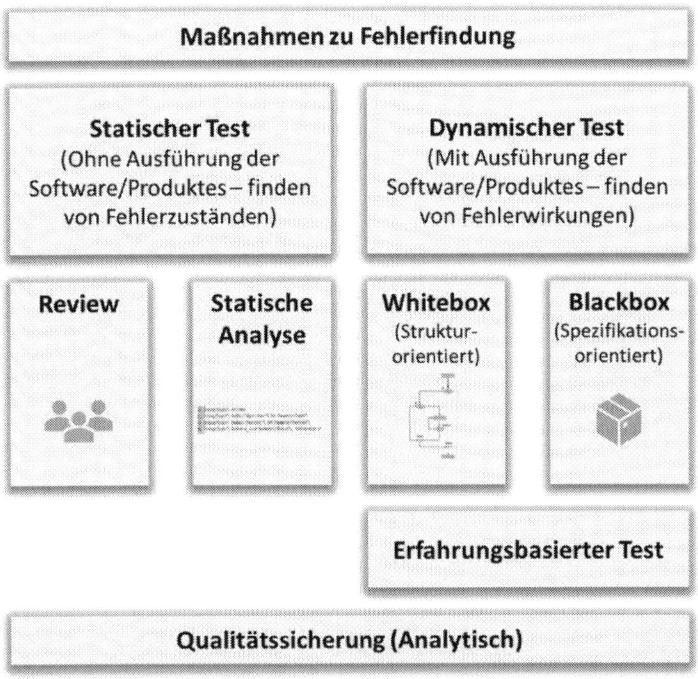

Daneben gibt es die konstruktive Qualitätssicherung, die sich mit Maßnahmen zur Fehlervermeidung beschäftigt. Präventive, vorbeugende Maßnahmen wie Schulungen, Firmenstandards, Programmierrichtlinien. In dieser Darstellung sind die gebräuchlichen Methoden und Verfahren der **Fehlerfindung** dargestellt.

Statischer Test:

Beim statischen Test (s. a. Kapitel 7) werden die Anforderungen/Spezifikationen und andere Dokumentationen manuell einem Reviewprozess unterzogen. Somit können Fehler früh gefunden werden und die Fehlerkorrektur ist bedeutend preiswerter, als wenn der Fehler erst im fertigen Produkt durch das dynamische Testen gefunden wird. Im Rahmen der statischen Analyse, die auch zu den statischen Testverfahren gehört, wird der Quellcode, meist maschinell, gegen diverse Standards geprüft (s. a. Kapitel 7.3).

Dynamischer Test:

Beim dynamischen Testen kommt die Software/das Produkt zur Ausführung auf dem Rechner/System. An der laufenden Software wird nun gegen die Spezifikation getestet -> Blackbox-Test (Synonym – spezifikationsorientierter Test, s. a. Kapitel 6.1) ohne die Programmstruktur zu kennen, zu sehen. Damit können sowohl funktionale als auch nicht funktionale Tests durchgeführt werden.

Jedoch kann der Test nur so gut sein, wie die vorliegenden Spezifikationen! D. h., wenn in der Spezifikation ein Fehler enthalten ist und der Tester nicht über tiefgreifendes Wissen der Fachlichkeit verfügt, testet er den Fehler als richtige Funktion.

Dies gilt ebenso für die Whitebox Test (Synonym – strukturorientierter Test, s. a. Kapitel 6.2), wo auf Basis der Programmstruktur spezifizierte Tests durchgeführt werden.

Beispiel (Blackbox-Test):

Eine Familie in Deutschland bekommt lt. Sozialgesetzbuch einen Zuschuss vom Staat, wenn das monatliche Nettoeinkommen unter 1200 € (fiktiver Wert!) liegt. So ist es auch in der Spezifikation für ein zu entwickelndes Softwaresystem beschrieben. Der Tester wird jetzt einige Testfälle durchführen, um die Berechnung des Zuschusses zu prüfen. Er wird ein Einkommen von 500 € ansetzen, mit 1199,99€ direkt an der Grenze, mit 1200 € um zu prüfen das kein Zuschuss gewährt wird und ggf. noch einen Testfall mit 5000 €.

Das System wird ab 1200 € keinen Zuschuss mehr vorsehen, entsprechend der umgesetzten Spezifikation. Also wird der Tester diese Funktion als korrekt abhaken.

Was der Tester nicht weiß, dass die Höhe des Zuschusses jährlich angepasst wird, u. a. abhängig vom Bruttosozialprodukt und anderen Parametern. Auf Basis der Spezifikation wurde der seinerzeit gültige Wert eingetragen und kein Hinweis auf eine jährliche Anpassung. Dies kann und muss der Tester auch nicht wissen, sofern er nicht Spezialist in der Sozialgesetzgebung ist. Schlimmer wird es noch bei Thema Outsourcing, wo konsequent gegen die Spezifikation getestet wird.

Diesen Fehler hätte man nur durch ein Review mit Fachspezialisten erkennen können bzw. durch Einbindung von Testern mit entsprechendem Fach know-how. Detaillierte Beschreibung der Blackbox Testentwurfsverfahren unter Kapitel 6.1.

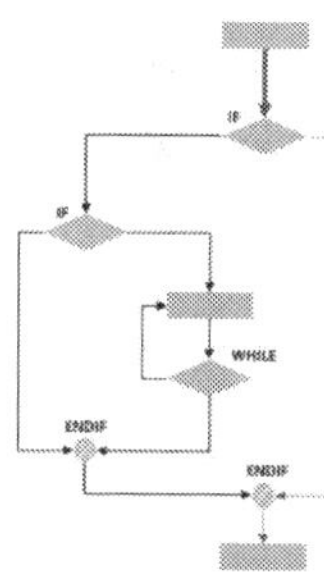

Auch beim Whiteboxtest (Synonym – struktureller oder strukturorientierter Test), der normalerweise vom Entwickler selbst durchgeführt wird, kann der Fehler nicht entdeckt werden. Der Entwickler kann mit Tools auf seiner Entwicklungsumgebung zwar den Ablauf des Programms verfolgen, aber Fehler in der Spezifikation kann er auch nicht erkennen. Detaillierte Beschreibung der Whitebox Testentwurfsverfahren unter Kapitel 6.2.

4.5.5 FEHLHANDLUNGEN, FEHLERZUSTÄNDE, FEHLERWIRKUNGEN

Diese 3 Begriffe haben sich in der Literatur etabliert und die Unterschiede sollten allen am Test beteiligten Personen bekannt sein.

Fehlhandlung: die Entstehung eines Fehlers ist immer eine menschliche Handlung, daher der Begriff Fehlhandlung. Verschiedene Szenarien können dazu führen, dass schon ganz früh im Softwareentwicklungsprozess Fehler entstehen. Beispiel:

Der User/Kunde versucht dem Businessanalysten zu erklären, was das System leisten und welche Funktionen es haben soll. Manche User können ihre Anforderungen gut und vollständig formulieren, andere User vergessen wichtige Details, weil diese aus Ihrer Sicht eine Selbstverständlichkeit ist.

Jetzt kommt die 2. Schwachstelle, der Businessanalyst. Je nach Qualifikation/Erfahrung ist er in der Lage den User mit entsprechenden Methoden und Verfahren so zu unterstützen, dass auch alle Bestandteile und der daraus resultierende Lösungsansatz korrekt und vollständig erfasst werden.

Fehlerzustand: Beide Varianten der Fehlhandlung führen zu einem Fehlerzustand (innerer Fehler). D. h., in der Spezifikation wurde ein falscher Sachverhalt abgebildet oder vergessen, z. B. anstatt >= 65 Jahre wurde nur > 65 beschrieben. Mangels Review wird die falsche Information nicht entdeckt und der Entwickler, der die programmtechnische Umsetzung durchführt, muss nicht über entsprechendes Fachwissen verfügen, um die Unzulänglichkeit zu erkennen.

Selbst wenn die Anforderungen korrekt und vollständig sind führt auch jetzt eine andere Art der Fehlhandlung zu einem Fehlerzustand. Der Entwickler hat die Spezifikation nicht richtig verstanden/interpretiert und entwickelt das Programm fehlerhaft. Was der User mit der Definition „liegt zwischen 50 und 100“ meint, kann vom Entwickler anders verstanden werden.

Entweder haben wir jetzt eine fehlerhafte Spezifikation oder einen fehlerhaften Programmcode vorliegen. Dies muss nicht zu einem später auftretenden Fehler führen. In vielen Fällen werden Anforderungen nicht realisiert oder durch andere Lösungen umgesetzt bzw. der fertige Programmcode wird in einer Programmbibliothek gespeichert und nie ausgeführt. Dann wird es nicht zu einer sogenannten Fehlerwirkung kommen.

Fehlerwirkung (äußerer Fehler): Jetzt kommt das fehlerhafte Programm zur Ausführung und der Benutzer sieht oder merkt den Fehlerzustand direkt. Anstatt einer korrekten Berechnung auf Basis des Alters von 65 wird die Prämie erst ab 66 Jahre korrekt berechnet. Oder das Programm stürzt an einer Stelle ab, weil der Code einen Fehler enthält.

Die Grafik zeigt, dass ein Fehlerzustand nicht unbedingt zu einer Fehlerwirkung führen muss, aber jede Fehlerwirkung einen Fehlerzustand als Grundlage hat.

Somit kann man mit Testen sowohl die Fehlerzustände finden (statischer Test) als auch die Fehlerwirkungen (dynamischer Test). Je früher der Fehler gefunden wird, desto einfacher und kostengünstiger ist die Behebung.

4.5.6 Fehlerzustände, Grundursachen und Wirkungen

Normalerweise macht keiner extra einen Fehler. Sabotage oder Mutwilligkeit mal ausgeschlossen, aber Fehler können jedem passieren. Gründe hierfür sind vielfältig und auch kombinierbar:

- Stress und Termindruck (schnell noch eben mal am Freitagnachmittag gemacht, einen Fehler beseitigt, 2 neue eingebaut ...)
- Komplexer Code („alter Programmcode“, ggf. in Assembler, keine Dokumentation)
- Komplexität der Infrastruktur (Altdatenbestände, Schnittstellen - wer hat den vollständigen Überblick?)
- neue/geänderte Technologien (was unter Win7 läuft muss unter Win10 noch lange nicht laufen, ein anderer Browser zeigt die Inhalte anders an, neue Hardware verhält sich anders ...)
- viele Systemwechselbeziehungen (div. Subsysteme unterstützen den Geschäftsprozess, wurde das alles beim Test berücksichtigt?)
- Umgebungsbedingungen (Schmutz, elektromagnetische Felder ...)

4.6 TESTPROZESS

In diesem Kapitel wird der fundamentale Testprozess nach ISTQB® als Beispiel für andere Testprozesse beschrieben. Ein so definierter Testprozess dient als Basis und Leitfaden, mit dem die einzelnen Aktivitäten während des Testprozesses frühzeitig geplant und organisiert werden können.

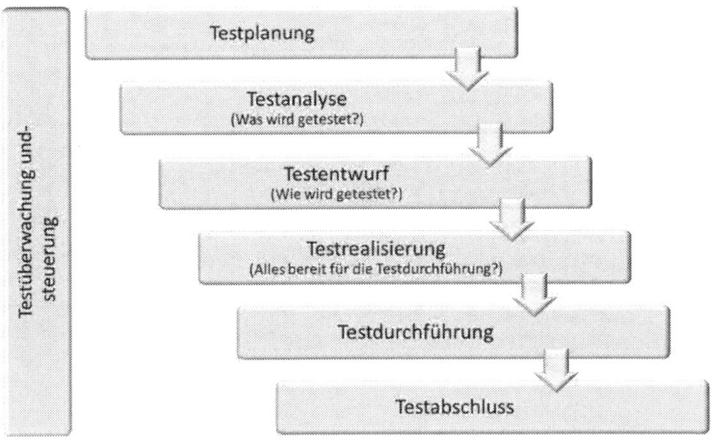

Gleichzeitig erreicht man eine Standardisierung und Vergleichbarkeit. Man muss nicht jedes Mal das Rad neu erfinden und alle Beteiligten kennen die Abläufe und Vorgehensweisen. Für die Hauptaktivitäten sind die nachfolgenden Aufgaben beschrieben.

4.6.1 Testplanung

Zur Testplanung gehören u. a. folgende Aktivitäten, im Testkonzept (s. a. Kapitel 10.6) dokumentiert werden:

- Den Testumfang bestimmen (features to be tested, features not to be tested)
- Die Risiken des Testens ermitteln
- Die Testziele bestimmen
- Die Testaktivitäten mit zugeordneten Rollen planen
- Die Testverfahren/Testmethoden festgelegen (ggf. pro Teststufe)
- Die messbaren Testendekriterien (Testüberdeckung/-abdeckung) definieren
- Die Ressourcen und Termine (Meilensteine) für alle Testaufgaben planen

Neben den direkten Testaktivitäten sind weitere Aufgaben zu Beginn des Testprozesses unbedingt festzulegen:

- Inhalt und Form der Dokumentation (Umfang, regulatorische Anforderungen, Vorlagen, Unternehmensstandards) festlegen

- Auswahl und Installation von geeigneten Metriken zur Überwachung und Steuerung der Testaktivitäten (möglichst automatisiert)
- Vorgaben für die auf Nachvollziehbarkeit und Wiederholbarkeit (Konfigurationsmanagement) abstimmen

4.6.2 TESTÜBERWACHUNG UND -STEUERUNG

Die Teststeuerung und -steuerung ist die fortlaufende Aktivität, den aktuellen Testfortschritt mit dem Plan (Soll/Ist) zu vergleichen und die Ergebnisse, einschließlich eventueller Abweichungen, zu berichten. Evtl. erforderliche Korrekturmaßnahmen sind im Testplan zu berücksichtigen. Diese Aktivitäten zählen zu den Testmanagementaufgaben.

- Prüfung der Testergebnisse gegen definierte Überdeckungskriterien
- Qualitätsbeurteilung auf Basis der Testergebnisse
- Entscheidung ob weitere Test zur Erreichung der Testziele erforderlich sind

Über den Testfortschritt werden die Stakeholder in Form von Testfortschrittsberichten informiert.

4.6.3 TESTANALYSE

Diese Aktivität setzt die Vorbedingungen für die anschließende Testrealisierung und Testdurchführung. Ohne diese „vorbereitenden" Tätigkeiten können keine Tests durchgeführt werden. Im Einzelnen:

- Review der Testbasis (z. B. Anforderungen, Architektur, Design, Schnittstellenspezifikation, User-Stories, Anwendungsfälle).

  Sind alle vorliegenden Unterlagen geeignet um den Test zu beginnen, hinsichtlich Aktualität, Version, und Vollständigkeit der Anforderungen. Davon hängt die Qualität der Testfälle und damit die Gesamtqualität des Tests ab.

- Bewertung der Testbasis nach unterschiedlichen Unstimmigkeiten wie z. B.:
  - Mehrdeutigkeiten
  - Auslassungen
  - Inkonsistenzen
  - Widersprüchlichkeiten
- Identifizierung und Priorisierung der Testobjekte (Komponente oder das System, welches getestet wird) und der Testbedingungen (Eine Einheit oder ein Ereignis, z.B. eine

Funktion, eine Transaktion oder ein Feature, welches durch einen oder mehrere Testfälle verifiziert werden kann)

- Sicherstellung der bidirektionalen Rückverfolgbarkeit (Traceability) zwischen der Testbasis und den zugehörigen Testbedingungen

4.6.4 TESTENTWURF

Während des Testentwurfs werden die Testbedingungen in abstrakte Testfälle überführt. Weiterhin sind folgende Aufgaben zu erledigen:

- Entwurf und Priorisierung der Testfälle
- Identifizierung der notwendigen Testdaten
- Entwurf der Testumgebung (Infrastruktur, Werkzeuge)
- Erfassung der bidirektionalen Rückverfolgbarkeit (Traceability) zwischen der Testbasis und den zugehörigen Testbedingungen

Im Rahmen der Testanalyse wurde die Frage beantwortet „was wird getestet“, hier geht es um die Frage „Wie wird getestet.

4.6.5 Testrealisierung

Die Aktivität Testrealisierung umfasst die folgenden Hauptaufgaben und beantwortet die Frage „Ist jetzt alles bereit für die Testdurchführung":

- Prüfen der Testeingangskriterien (Testumgebung, zu testende Software, Testdaten, Tools, Ressourcen)
- Erstellung und Priorisierung des Testablaufs, Erstellung der Testdaten, der Testszenarien, evtl. Vorbereitung der Testrahmen und Entwicklung von Skripten zur Testautomatisierung
- Erstellung von Testsuiten (synonym Testset, Testfallkette, Testsequenz) basierend auf dem Testablauf, um die Testdurchführung effizient zu gestalten
- Aufbau der Testumgebung und Verifizierung ob alles korrekt aufgesetzt ist
- Verifizierung und Aktualisierung der Rückverfolgbarkeit zwischen Testbasis, Testbedingungen und Testfällen

4.6.6 Testdurchführung

Im Rahmen der Testdurchführung werden die Testsuiten, wie im Testausführungsplan (Ein Zeitplan für die Ausführung von Testsuiten innerhalb eines Testzyklus – GTB Glossar) beschrieben, ausgeführt.

- Durchführung der Tests (manuell oder mit Toolunterstützung)
- Vergleich der Ist-Ergebnisse mit den vorausgesagten Ergebnissen, ggf. mit Toolunterstützung (Komparator, Testkomparator)
- Protokollierung der Testergebnisse (manuell, toolunterstützt). Nur eine strukturierte Testprotokollierung sichert die Nachvollziehbarkeit und Nachweisbarkeit des Tests, besonders wichtig für regulatorische Anforderungen bei sicherheitskritischer Software
- Gefundene Fehlerwirkungen oder Abweichungen festhalten und analysieren, um den Grund eines Problems zu erkennen
- Alle Testfälle, die eine Fehlerwirkung aufgedeckt haben, müssen nach der Behebung der jeweiligen Ursachen nochmals in Form eines **Retest** (auch Nachtest, Fehlernachtest) getestet werden, gegebenenfalls muss noch ein Regressionstest durchgeführt werden

Ein **Regressionstest** ist ein erneuter Test eines bereits getesteten Programms nach dessen Änderung, um sicherzustellen, dass mit der Änderung keine neuen Fehler entstanden sind oder maskierte Fehler jetzt freigelegt wurden

- Verifizierung und Aktualisierung der Rückverfolgbarkeit zwischen Testbasis, Testbedingungen und Testfällen

4.6.7 Testabschluss

Zum Abschluss des Tests werden alle relevanten Daten und Informationen zusammengetragen. Die Testabschlussaktivitäten finden an Meilensteinen statt, Ende einer agilen Projektiteration oder Beendigung einer Teststufe. Folgende Hauptaktivitäten gehören dazu:

- Schließung der Fehler/Abweichungsberichte oder Erstellung von Änderungsanforderungen für weiterbestehende Fehler/Abweichungen
- Testabschlussbericht erstellen und mit den Stakeholdern kommunizieren (wichtig Standardisierung = Vergleichbarkeit). Eine Vorlage ist in der Norm ISO/IEC/IEEE 29119-3 beschrieben, auch hier schon mit dem Ziel, die Ergebnisse für Folgeprojekte zu übernehmen und Kennzahlen auszuwerten)
- Dokumentation und Archivierung der Testmittel, Testumgebung und der Infrastruktur für spätere Wiederverwendung (d. h. einen Ablageort, wo auch andere Interessierte Zugriff haben – nicht Platte C:/Eigene Dateien!)
- Übergabe der Testmittel an die Wartungsorganisation (von hier erwartet der Anwender

kompetente Antworten und Hilfestellungen), andere Projektteams und Stakeholder. Dazu gehören auch unbedingt Infos über Workarounds und Releasenotes

- „lessons learned", Analyse und Dokumentation von Verbesserungspotenzial. Der Fokus liegt auf Verbesserung und für die Zukunft lernen. Auf keinen Fall gilt es einen „Schuldigen" zu finden, sondern den Fehler im Prozess

Diese Aktivität wird leider immer sehr „stiefmütterlich" behandelt und sollte daher als fester Bestandteil in der Projektplanung vorgesehen werden. Alle Ergebnisse dieser Aktivität können für nachfolgende Projekte als wertvolle Erfahrungen genutzt werden. Ich habe daraus die Aussage geprägt, „Das Output des einen Projektes ist das Input für das nächste Projekt!"

Die hohe Kunst besteht jetzt darin, diese Informationen für „alle" verfügbar zu machen. Warum soll das nächste Projekt die gleichen „Fehler" machen wie wir. Hier gilt der alte Spruch, „wenn Siemens wüsste was Siemens weiß!" Die Bereitstellung und Verwaltung dieser Lesson Learned Informationen ist Aufgabe des PMO (Projekt Management Office) oder TMO (Test Management Office), mit dem Ziel, ein unternehmensweites Knowledge Management System aufzubauen.

- Nutzung der gesammelten Informationen, um zukünftige Projekte besser planen zu können, wie z. B. Ableiten von Statistiken zu Aufwand, Kosten, Fehlerfindungsrate und anderen Kennzahlen als Basis für Aufwandsschätzungen in zukünftigen Projekten. Hierzu zählt auch die Aktualisierung von Skill-Profilen der beteiligten Mitarbeiter

4.6.8 Testarbeitsergebnisse

Jede Testaktivität soll präzise definierte Testarbeitsergebnisse hervorbringen. Nur so lässt sich der Prozess kontrollieren und steuern. Auch hier steht das Thema Standardisierung und Vergleichbarkeit im Vordergrund.

4.6.8.1 Ergebnisse der Testplanung

Das wichtigste Output der Testplanung ist das Testkonzept, ggf. unterteilt in Master- und Stufentestkonzept. Hier werden alle Aufgaben, Methoden und Verfahren, die die weiteren Aktivitäten im fundamentalen Testprozess steuern und beeinflussen (Muster Testkonzept s. Kapitel 10.6) beschrieben.

4.6.8.2 Ergebnisse der Testüberwachung und-steuerung

Die wichtigsten Ergebnisse in dieser Testmanagementaktivität sind Berichte über den Stand des Projektes, wie Testfortschrittsberichte und Testabschlussberichte. Natürlich gehören auch direkte Maßnahmen zur Projektsteuerung dazu, wie Entscheidungen treffen und Korrekturmaßnahmen umsetzen.

4.6.8.3 Ergebnisse der Testanalyse und -entwurf

Die Arbeitsergebnisse der Testanalyse beinhalten definierte und priorisierte Testbedingungen. In der Folge werden im Testentwurf die Testfälle abgeleitet, um die Testbedingungen abzudecken.

Hier spricht man von abstrakten Testfällen, die dann für die Testrealisierung und -durchführung in konkrete Testfälle (Testdaten) überführt werden.

4.6.8.4 Ergebnisse der Testrealisierung und -durchführung

Im Rahmen der Testrealisierung sollten die Testsuiten erstellt sein und ein Testausführungsplan die Abfolge der Tests beschreiben.

Während der Testdurchführung sind die Ergebnisse der durchgeführten Tests zu dokumentieren (bestanden, nicht bestanden, blockiert ...) und Abweichungen in Form eines Fehlerberichts zu erfassen.

4.6.8.5 Ergebnisse des Testabschluss

Die Ergebnisse aus der letzten Aktivität sind die Basis für folgende Projekte und sollten daher sehr sorgfältig durchgeführt werden. Neben dem Testabschlussbericht gehören auch dokumentierte Ergebnisse eines „lesson learned“ Workshop unbedingt dazu.

4.6.9 RÜCKVERFOLGBARKEIT

Natürlich muss jederzeit gewährleistet werden, dass die durchgeführten und geplanten Tests auch alle Anforderungen abdecken. Auch dann, wenn diese sich noch ändern.

Man spricht hier von der Rückverfolgbarkeit (Tracebility). D. h., es muss immer nachvollziehbar sein, welcher Testfall welche Anforderung abdeckt und auch umgekehrt. Nur so kann auch eine Bewertung der Testüberdeckung sichergestellt werden. Weitere Gründe für die Rückverfolgbarkeit:

- Welche Auswirkungen haben Änderungen an meinen Test
- Die Tests sind nachvollziehbar
- Die Compliance kann nachgewiesen werden
- Testfortschritts und Testabschlussberichte werden aussagekräftiger/nachvollziehbar und somit auch verständlicher für die verschiedenen Adressaten (Stakeholder)

Viele Testmanagementwerkzeuge unterstützen die verschiedenen Anforderungen an die Rückverfolgbarkeit. Im einfachsten Fall kann man sich auch mit einer manuell erstellten Rückverfolgungsmatrix eine Übersicht verschaffen und die Rückverfolgbarkeit sicherstellen.

Gschäfts-szenario	Anforde-rung	Test-szenario	Geschäfts-prozess	Testfall
1. Darlehn-spro-gramm	1.1.Neuer Kunde	Dar-lehn_01	Funktion neuer Kunde	TFNK01
		Dar-lehn_02	Anmelde-informa-tion	TFNK02
	1.2 Be-stands-kunde		Funktion Bestands-kunde	TFBK01
			Status Darlehn	TFBK02
2. Benutz-barkeit	2.1 Usabi-lity	GUI_01	Anzahl Mausklicks < 3	TFUB01
		GUI_02	Farbdar-stellung	TFUB02

Beispiel einer manuell erstellten **Rückverfolgbarkeitsmatrix** (nicht vollständig!!)

„Eine zweidimensionale Tabelle, die die gegenseitigen Beziehungen zweier Entitäten wie z. B. Anforderungen und Testfälle darstellt. Die Tabelle wird zur Bestimmung und Erreichung der Überdeckung verwendet, um von einer Entität zur anderen und zurück zu verfolgen und um die Auswirkung von Änderungsvorschlägen zu bewerten". (GTB Glossar)

4.7 Funktionale und nicht funktional Tests

Die ISO 25010 ist die Nachfolge-Norm der ISO 9126 in der auch schon die funktionalen und nicht funktionalen Qualitätsmerkmale von Software beschrieben wurden.

Zu den Änderungen zählen auch zwei neue Hauptkategorien, die Sicherheit und die Kompatibilität, die beide vorher Punkte der Hauptkategorie „Funktionalität" waren.

Zu jeder Hauptkategorie sind in der Norm noch weitere Vorgehensweisen detailliert beschrieben. In der Praxis lässt sich diese Norm als Checkliste einsetzen, um in einem aktuellen Testprojekt auch alle Aspekte zu berücksichtigen, bzw. die Notwendigkeit diese Merkmale in der Teststrategie zu dokumentieren.

Am Beispiel der Hauptkategorie „Benutzbarkeit“ werden folgende Qualitätsmerkmale in der Norm detailliert dargestellt:

- Erlernbarkeit
- Bedienbarkeit
- GUI Robustheit
- GUI Ästhetik
- Zugänglichkeit (Barrierefreiheit)
- Fehlertoleranz gegenüber Anwenderfehlern
- Erkennbarkeit

Die funktionalen Anforderungen sind normalerweise ausreichend beschrieben, aber die nicht funktionalen Anforderungen werden selten berücksichtigt/formuliert, tragen aber wesentlich zur Benutzerakzeptanz bei.

Notizen, Anmerkungen:

5 Testen im Softwarelebenszyklus

Softwareentwicklungsmodelle, auch Phasen- oder Vorgehensmodelle genannt, beschreiben die in Phasen/Arbeitsabschnitten strukturierten Aktivitäten in einem Softwareentwicklungsprozess.

Dazu gehört auch die Festlegung von definierten, messbaren Ergebnistypen und Qualitätskriterien zum jeweiligen Phasenabschluss, der dann als Meilensteine dargestellt werden.

Unabhängig von dem eingesetzten Softwareentwicklungsmodell sollte man sich an folgenden „guten" Eigenschaften/Merkmalen orientieren:

- Zu jeder Entwicklungsaktivität gibt es eine zugehörige Testaktivität (s. Beispiel V-Modell Kapitel 5.1.1)
- Jede Teststufe hat Testziele (Testendekriterien), die spezifisch für diese Teststufe sind
- Mit der Testanalyse und Testentwurf (Vorbereitung des Testens) wird bereits während der zugehörigen Entwicklungsstufe begonnen
- Die Tester sollten frühestmöglich in den Entwicklungsprozess mit eingebunden werden und auch an den entsprechenden Reviews teilnehmen

- Dies hat zwei wichtige Gründe: Einerseits ein „Know-how“ Transfer/Wissenserwerb, um zumindest einen Überblick zu dem in Entwicklung befindlichen Produkt zu erhalten
- Andererseits wissen die Tester wie man Anforderungen besser und verständlicher formulieren kann, um daraus resultierende Fehlerzustände zu vermeiden

5.1 Softwareentwicklung und Testen

Im Lehrplan der ISTQB® wird „nur“ zwischen zwei generellen Modellvarianten unterschieden, sequenzielle Modelle und iterativ und inkrementellen Entwicklungsmodelle.

5.1.1 Sequenzielle Entwicklungsmodelle

Die ersten Vertreter von Softwareentwicklungsmodellen waren sequenzielle Vorgehensmodelle. Hierzu zählen:

- Wasserfallmodell
- V-Modell (nach Böhm)
- V-Modell 97 (abgelöst durch V-Modell XT)
- V-Modell XT (Standard für alle IT Projekte des Bundes, XT = E**x**treme **T**ailoring)

Alle sequenziellen Modelle haben den „Nachteil", dass man erst am Ende der Entwicklung das fertige Produkt bekommt und validieren kann, ob das Produkt auch den Vorstellungen des Anwenders entspricht.

Trotzdem ist diese Vorgehensweise für bestimmte Entwicklungen der richtige Weg. Um den Anwender frühestmöglich mit in den Entwicklungsprozess zu integrieren, setzt man heute auf die agilen Ansätze.

Als klassischer Vertreter der sequenziellen Modelle stelle ich das V-Modell mit seinen Teststufen im Folgenden vor.

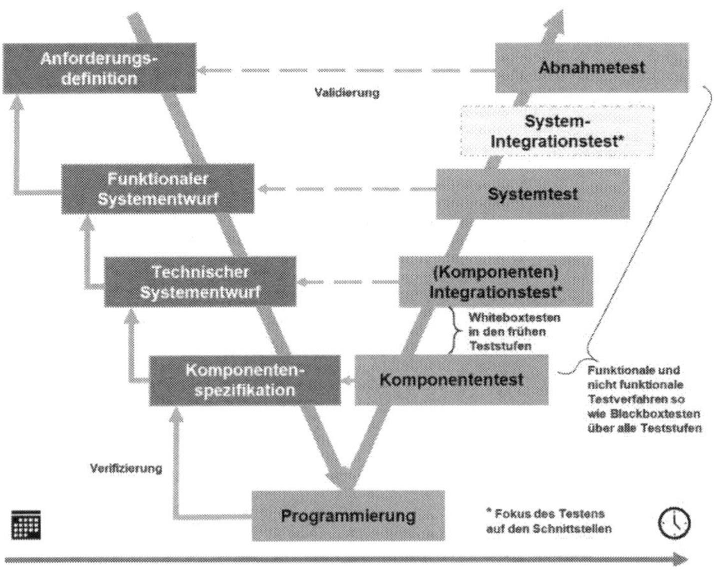

Die Grafik zeigt das allgemeine V-Modell nach Böhm, ergänzt durch die zusätzliche Teststufe „Systemintegrationstest“. Zu jeder Entwicklungsaktivität gehört eine entsprechende Teststufe.

Die Methoden der **Verifizierung** stehen für „Entwickle ich die Software richtig“. Die Methoden der **Validierung** stehen für „Entwickle ich die richtige Software“.

Auch wenn hier nur 2 Wörter umgestellt wurden, zeigt sich erst während der Validierung ob die Software auch den Anforderungen des Benutzers entspricht. Bei der Verifizierung wird nur geprüft, ob die Software den Spezifikationen entspricht.

Beispiel: In der Spezifikation wurde der Mehrwertsteuersatz irrtümlich mit 21% beschrieben. Der Entwickler setzt es so um, die Software rechnet mit 21%. Erst beim Testen wird der Fehler bemerkt. In einem frühen, fachlichen Review hätte der Fehler schon entdeckt werden können.

5.1.2 Teststufen

5.1.2.1 Komponententest

Der Komponententest (Synonym: Unit-, Modul- oder Programmtest) hat zum Ziel, Komponenten, die separat getestet werden können, zu prüfen und darin vorhandene Fehler zu finden. Dies wird normalerweise vom Entwickler der jeweiligen Komponente selbst durchgeführt, daher auch schon mal die Bezeichnung Entwicklertest. Eine entsprechende Entwicklungsumgebung mit div. Tools und Entwickler „Know-how" werden vorausgesetzt.

Da die einzelnen Komponenten meist nicht allein lauffähig sind, müssen Platzhalter, Treiber und Simulatoren entwickelt werden. Wie aus der Darstellung des V-Modells ersichtlich, werden hier sowohl funktionale als auch nicht funktionale Tests durchgeführt.

Darstellung Komponententest

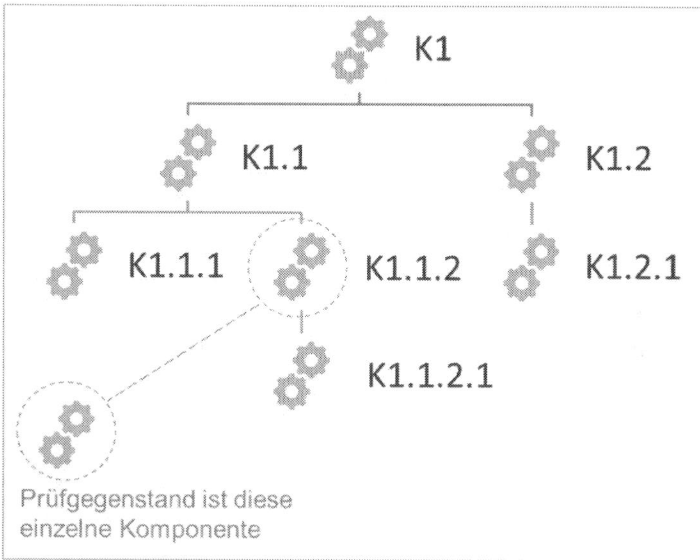

Testobjekte im Komponententest u. a.:

- Komponenten, Units oder Module
- Code und Datenstrukturen
- Klassen
- Datenbankmodule

Mögliche **Fehlerzustände** und **Fehlerwirkungen** sind u. a.:

- Nicht korrekte Funktionalität (z. B. nicht wie in den Entwurfsspezifikationen beschrieben)
- Datenflussprobleme
- Nicht korrekter Code und nicht korrekte Logik

Verantwortlichkeiten

Komponententests werden üblicherweise von dem Entwickler durchgeführt, der den Code geschrieben hat. Aus Gründen der „Unabhängigkeit“ bietet es sich an, den Code von einem anderen Entwickler testen zu lassen.

5.1.2.2 INTEGRATIONSTEST

Der Integrationstest prüft die Schnittstellen und Interaktionen zwischen Komponenten (Komponentenintegrationstest) und die Schnittstellen zwischen Systemen (Systemintegrationstest).

Darstellung Komponentenintegrationstest

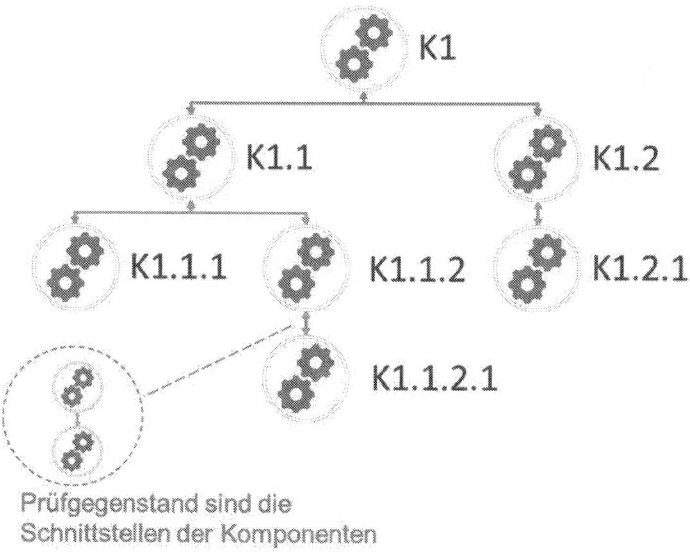

Testobjekte im Komponentenintegrationstests sind u. a.:

- Subsysteme
- Datenbanken
- Infrastruktur
- Schnittstellen
- APIs
- Microservices

Mögliche **Fehlerzustände** und **Fehlerwirkungen** im Komponentenintegrationstests sind u. a.:

- Falsche Daten, fehlende Daten oder falsche Datenverschlüsselung
- Falsche Reihenfolge oder fehlerhafte zeitliche Abfolge von Schnittstellenaufrufen
- Schnittstellenfehlanpassung
- Fehlerwirkungen in der Kommunikation zwischen Komponenten
- Nicht korrekte Annahmen über die Bedeutung, Einheiten oder Grenzen der Daten, die zwischen den Komponenten hin- und hergereicht werden

Verantwortlichkeiten

Komponentenintegrationstests liegen meistens in der Verantwortung der Entwickler.

Darstellung Systemintegrationstest

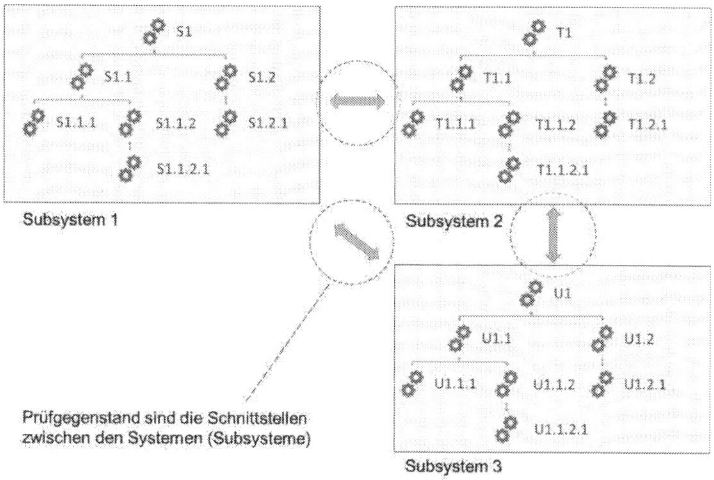

Besonders im Systemintegrationstest, wo es auch Schnittstellen zu externen Systemen gibt, besteht ein nicht auszuschließendes Risiko, dass die ursprüngliche Schnittstellendefinition bei Einführung der Software nicht mehr aktuell ist. Eine permanente Abstimmung/Überprüfung ist hier unbedingt notwendig.

Testobjekte für den Systemintegrationstest sind u. a.:

- Subsysteme
- Datenbanken
- Infrastruktur
- Schnittstellen (intern, exten)

Mögliche **Fehlerzustände** und **Fehlerwirkungen** im Systemintegrationstests sind u. a.:

- Inkonsistente Nachrichtenstrukturen zwischen den Systemen
- Falsche Daten, fehlende Daten oder falsche Datenverschlüsselung
- Schnittstellenfehlanpassung
- Fehlerwirkungen in der Kommunikation zwischen den Systemen
- Fehlende Konformität mit erforderlichen Richtlinien zur Informationssicherheit

Verantwortlichkeiten

Systemintegrationstests liegen im Allgemeinen in der Verantwortung der Tester. Idealerweise sollten Tester, die Systemintegrationstests durchführen, sehr gute Erfahrungen in der Systemarchitektur haben.

5.1.2.3 Systemtest

Im Systemtest wird das gesamte System gegen alle Anforderungen getestet. Sowohl funktionale und nicht-funktionale Tests werden durchgeführt. Der Test sollte auf einer Testumgebung stattfinden, die der späteren Produktivumgebung möglichst ähnlich ist, im Idealfall eine 1:1 Kopie. Auch im Systemtest können die späteren Benutzer schon mittesten.

Testobjekte für Systemtests sind u. a.:

- Anwendungen
- Hardware/Softwaresysteme
- Betriebssysteme
- Systeme unter Test (SUT)
- Systemkonfiguration und Konfigurationsdaten

Typische **Fehlerzustände** und **Fehlerwirkungen** für Systemtests sind u. a.:

- Das System funktioniert nicht, wie in den System- oder Benutzeranleitungen beschrieben
- Falsche Berechnungen
- Falsche oder unerwartete funktionale oder nicht-funktionale Systemverhaltensweisen
- Falsche Kontroll- und/oder Datenflüsse innerhalb des Systems

Verantwortlichkeiten

Unabhängige Tester führen üblicherweise Systemtests durch. Um Unstimmigkeiten über das erwartete Systemverhalten zu erkennen, sollten die Tester mit den Details der User-Storys (eine in Alltags- oder Geschäftssprache formulierte Benutzer- oder Geschäftsanforderung auf hoher Abstraktionsebene, GTB Glossar) vertraut sein und ggf. bei den jeweiligen Reviews bereits eingebunden werden.

Auch wenn in der Praxis hin und wieder anders verfahren wird, sollte der Systemtest nicht auf der Produktivumgebung stattfinden, weil:

- Noch Fehlerwirkungen auftreten können, die das Produktionssystem beeinträchtigen oder zum Absturz bringen (gesamtes Unternehmen betroffen, Produktionsausfall)
- Der Test nicht wiederholbar ist (Wiederherstellung der Konfiguration zum ursprünglichen Test, Datenintegrität)

5.1.2.4 ABNAHMETEST

Wird auch als „**U**ser **A**cceptance **T**esting (UAT)" bezeichnet, obwohl noch mehr Aktivitäten in dieser Teststufe vorgesehen sind. Der Schwerpunkt liegt auf folgenden Punkten:

- Der Kunde/Benutzer soll Vertrauen bzgl. der Qualität der Software aufbauen
- Es wird validiert, ob alle gewünschten Funktionen realisiert sind und diese auch entsprechend funktionieren
- Prüfung ob alle funktionalen als auch nichtfunktionalen Anforderungen an das System umgesetzt wurden

Weitere Punkte sind:

- Benutzerabnahmetest (User Acceptance Testing, **UAT**)
- Betrieblicher Abnahmetest (Operational Acceptance Testing, **OAT**)
- Vertraglicher und regulatorischer Abnahmetest
- Alpha- und Beta Test

Testobjekte für alle Ausprägungen des Abnahmetests sind u. a.:

- Geschäftsprozesse des vollintegrierten Systems
- Wiederherstellungssysteme, Hot Sites und Notfallwiederherstellung
- Betriebs- und Wartungsprozesse
- Formulare
- Berichte
- Bestehende und konvertierte Produktionsdaten

Typische **Fehlerzustände** und **Fehlerwirkungen** im Abnahmetests sind u. a.:

- Systemworkflows erfüllen nicht die Kunden- oder Benutzeranforderungen
- Geschäftsregeln wurden nicht korrekt umgesetzt
- Das System erfüllt nicht die vertraglichen oder regulatorischen Anforderungen
- Nicht-funktionale Fehlerwirkungen wie Sicherheitsschwachstellen, nicht angemessene Performanz unter hoher Last oder nicht ordnungsgemäßer Betrieb auf einer unterstützten Plattform

Verantwortlichkeiten

Der Abnahmetest liegt in der Verantwortung der Kunden, Fachanwender, Product Owner oder Betreiber eines Systems. Andere Stakeholder wie Betriebsrat und Datenschützer können ebenfalls mit einbezogen werden.

5.1.3 Iterativ und inkrementelle Entwicklungsmodelle

Man könnte die inkrementelle Entwicklung als ein Vorgehensmodell innerhalb der agilen Software-Entwicklung betrachten. Dabei wird zunächst das Gesamtsystem geplant, die Realisierung des Projektes erfolgt anschließend in Einzelschritten.

Anders als bei sequenziellen Entwicklungsmodellen, kann der Kunde schon früh, zumindest in Teilen, ausführbare Software testen und so Fehlentwicklungen frühzeitig vermeiden.

Eine vereinfachte Darstellung nach Grady Booch (Grady Booch * 27. Februar 1955 in Texas ist ein amerikanischer Informatiker. Er gilt als Pionier auf dem Gebiet des modularen und objektorientierten Softwareentwurfs und der Klassenbibliotheken (Ada, C++)).

Beispiele hierfür sind: Rational Unified Process (RUP), Scrum, Kanban, Spiralmodell oder Prototyping.

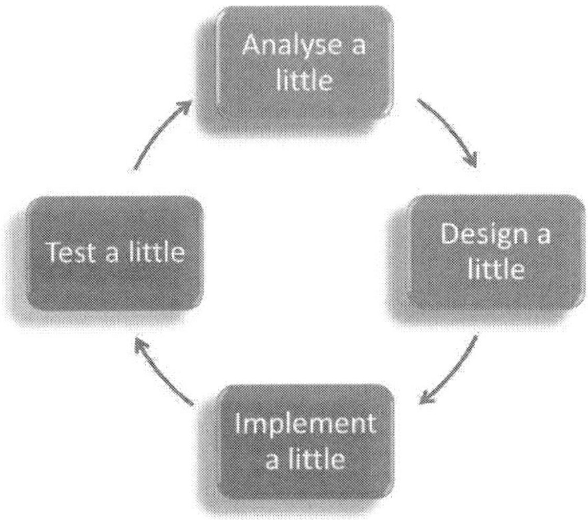

Darüber hinaus können die unterschiedlichen Softwareentwicklungsmodelle miteinander kombiniert werden. Unter Anwendung des V-Modells findet die Entwicklung und das Testen eines Backend-Systems statt, während ein agiles Entwicklungsmodell zur Entwicklung und zum Testen der Frontend-Benutzungsschnittstelle (UI, User Interface) und ihrer Funktionalität eingesetzt wird.

5.2 Testarten

Unabhängig von der jeweiligen Teststufe können folgende **4** Testarten eingesetzt werden:

- Funktionaler Test

  Wie auch in der ISO Norm 25010 (s. Kapitel 4.7) beschrieben, wird mit dem funktionalen Test das „**Was** leistet das System" getestet. Die Tests basieren auf Funktionen wie sie in Spezifikationen und Anwendungsfällen beschrieben sind

- Nicht-funktionaler Test

  Beim nichtfunktionalen Testen liegt der Fokus auf dem „**Wie** das System arbeitet". Hier werden verschiedene Software- und Systemmerkmale geprüft, wie z. B. Effizienz, Benutzbarkeit, Zuverlässigkeit, Wartbarkeit

- Testen der Softwarestruktur (Whitebox Test)

  Beim Whiteboxtesten kommen verschiedene Verfahren zur Codeüberdeckung zum Einsatz (s. Kapitel 6.2). Diese Testentwurfsverfahren (auch Testverfahren genannt, eine Vorgehensweise, nach der Testfälle abgeleitet oder ausgewählt werden) finden meistens in den Teststufen Komponenten und Integrationstest Anwendung

- Testen von Änderungen

  Fehlernachtest (Nachtest, Retest), Regressionstest

5.3 Wartungstest

Der Wartungstest (engl. Maintenance Testing) gehört nicht zum eigentlichen Vorgehensmodell. Es handelt sich hierbei nicht um den Test an einem neu entwickelten System, sondern um einen Test nach durchgeführten Änderungen/Anpassungen an einem laufenden, bereits produktiven System.

5.3.1 Grund für den Wartungstest

Vielfältige Gründe können dazu führen einen Wartungstest durchzuführen:

- Geänderte Anforderungen an die Software
- Zusätzliche Anforderungen an die Software
- Fehlerbeseitigung
- Qualitätsverbesserung (Usability, Performance ...)
- Gesetzliche und regulatorische Anforderungen
- Migration auf eine andere Plattform (Hardware, Software
- Stilllegung, Außerbetriebnahme

5.3.2 Umfang des Wartungstest

Wie umfangreich ein Wartungstest durchgeführt werden soll, hängt von div. Faktoren und Einflussgrößen ab, wie:

- Dass mit der Änderung verbundenen Risiko (keine finanziellen oder anderen Auswirkungen, mögliche Personenschäden)
- Größe/Umfang der eigentlichen Änderung (kleiner Korrekturen – komplett geänderte Funktionalität)
- Art der Änderung (Rechtschreib- Formatfehler, Berechnung der Mehrwertsteuer)
- Nutzungshäufigkeit (jeden Tag von mehr als 100 Nutzern - einmal im Jahr für die Bilanz)

Um grundsätzlich alle möglichen Auswirkungen im Rahmen eines Wartungstests zu berücksichtigen, empfiehlt sich die Durchführung einer Auswirkungsanalyse, auch „**impact analysis**" genannt. Hierbei werden die Auswirkungen der Änderungen im Detail analysiert um sicherzustellen, dass die Tests auch alle betroffenen Bereiche incl. Schnittstellen berücksichtigen. Idealerweise sollte so eine Analyse mit einem ausgewählten Kreis von Spezialisten durchgeführt werden, da kaum ein einzelner Verantwortlicher das vollständige System kennt.

Notizen, Anmerkungen:

6 Testentwurfsverfahren (Dynamischer Test)

Beim dynamischen Testen wird zwischen Blackbox und Whitebox Testverfahren unterschieden. Gebräuchliche Synonyme sind spezifikationsorientiertes Testen (Blackbox) und struktureller oder strukturorientierter Test (Whitebox). In beiden Testverfahren kann auch erfahrungsbasiertes Testen zum Einsatz kommen.

Beim dynamischen Testen kommt die entwickelte Software/System/Anwendung zur Ausführung, im Gegensatz zum statischen Testen. Beim dynamischen Testen können nachfolgend beschriebene Testentwurfsverfahren angewendet werden.

Die Auswahl der einzusetzenden Testentwurfsverfahren ist u. a abhängig von:

- Regulatorische Anforderungen
- Kunden- oder Vertragsanforderungen
- Risikograd, Risikotyp
- Wissen der Tester
- Testziele
- Verfügbare Dokumentation

In der Praxis ist nur mit der Kombination von mehreren Testentwurfsverfahren eine notwendige und sinnvolle Testabdeckung zu erreichen.

Übersicht der dynamischen Testentwurfsverfahren:

6.1 Blackbox Testentwurfsverfahren

Alle Black-Box- oder spezifikationsorientierten Testentwurfsverfahren haben gleiche Merkmale:

- Die Testfälle werden aus den Spezifikationen und Anforderungen abgeleitet
- Fehlerzustände in Spezifikationen und Anforderungen können nicht festgestellt werden
- Der Prüfgegenstand wird als eine Black-Box betrachtet, der Tester arbeitet nur auf der Oberfläche, ohne einen Einblick in den Programmcode zu haben
- Alle funktionalen und nicht-funktionalen Qualitätsmerkmale können so getestet werden

6.1.1 Äquivalenzklassenmethode

Hinter der Äquivalenzklassenmethode steht folgendes Prinzip: Zerlegung der Eingabewerte in eine endliche Zahl von gültigen und „ungültigen" Äquivalenzklassen (Wertebereichen).

Beispiel:

Für eine Versicherung sind folgende Regeln beschrieben:

Personen unter 18 Jahren werden nicht versichert, da sie im Regelfall noch zu Hause wohnen und über die Eltern mitversichert sind. Personen zwischen 18 und 65 Jahren werden zum Normaltarif versichert und Personen über 65 Jahre zahlen auf den Normaltarif einen Aufschlag von 15 %. Personen über 99 Jahre werden nicht mehr versichert und eine Eingabe ist durch die Beschränkung auf 2 Stellen auch nicht möglich. Aus dieser einfachen Spezifikation ließen sich jetzt folgende Äquivalenzklassen ableiten:

Alter	Prämie/Tarif	Repräsentant/ konkreter Testfall
0 – 17 Jahre	Nicht versichern	13
18 – 64 Jahre	100 €	33
65 – 99 Jahre	115 €	77

Die Methodik der Äquivalenzklassen sieht jetzt vor, aus jeder Äquivalenzklasse einen Wert als Testfall zu bilden, man spricht dann von einem sog. Repräsentanten (s. Tabelle), wobei jeder Repräsentant einer Äquivalenzklasse die gleiche Wirkung wie jeder andere Repräsentant der gleichen Äquivalenzklasse erzielt.

Somit führt eine sinnvolle Reduktion der Testfälle zu einem doch noch repräsentativen Testergebnis.

Man kann aber bereits „Einschränkungen" erkennen: Prüfungen auf grundsätzliche Fehleingaben (Buchstaben, Sonderzeichen...) anstatt Ziffern werden hiermit nicht geprüft, auch wenn sie programmiertechnisch eigentlich ausgeschlossen sein sollten.

Weiterhin wird die exakte Abgrenzung der Äquivalenzklassen nicht geprüft. Bei einer Spezifikation, in der der letzte Altersbereich mit >= 65 Jahren beschrieben wird und der Entwickler nur > 65 Jahre programmiert hat, würde man mit dem Repräsentanten „77" die fehlerhafte Programmierung nicht feststellen. Dafür gibt es die Grenzwertanalyse.

6.1.2 Grenzwertanalyse

Die Grenzwertanalyse baut auf die Äquivalenzklassenanalyse auf, sie untersucht exakt die Grenzen einer Äquivalenzklasse.

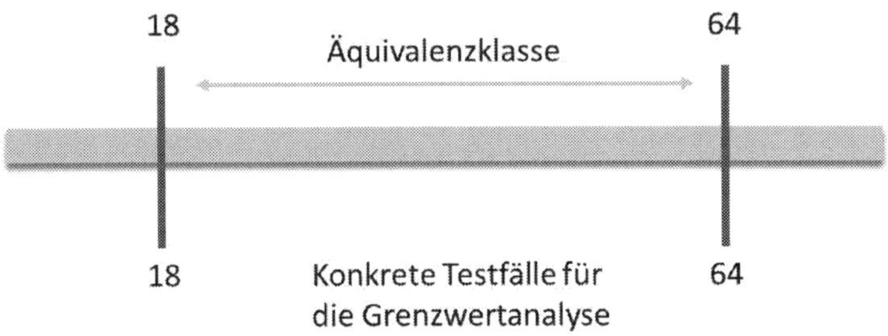

Der Vorteil der Grenzwertanalyse ist, dass an den Grenzen der Äquivalenzklassen häufig Fehlerwirkungen nachzuweisen sind, die durch nicht eindeutige Spezifikationen und deren Interpretation (Wert liegt zwischen, >=, <= ...) entstehen können. In besonderen Fällen wird zusätzlich ein Wert darüber und ein Wert darunter getestet. D. h. 3 Werte am unteren Bereich und 3 Werte am oberen Bereich jeder Äquivalenzklasse.

Sowohl die Äquivalenzklassenmethode als auch die Grenzwertanalyse haben einen Nachteil/Einschränkung. Sie Testen nur einzelne Elemente ohne Beziehungen, Abhängigkeiten oder Wechselwirkungen zu berücksichtigen.

Eine Datumsprüfung wäre mit einer reinen Äquivalenzklassenprüfung nicht korrekt möglich, der 31.02. würde als korrektes Datum akzeptiert, da der Tag und der Monat für sich allein betrachtet gültige Werte sind.

Für die Prüfung von Beziehungen, Abhängigkeiten oder Wechselwirkungen bietet sich der nachfolgend beschriebene Entscheidungstabellentest an.

6.1.3 Entscheidungstabellen

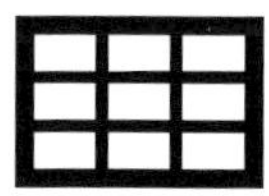

Wenn beim Testen auch Abhängigkeiten, Beziehungen und Wechselwirkungen geprüft werden sollen, so bietet sich die Entscheidungstabellentechnik an. Es ist eine bewährte Technik zur Darstellung komplexer Entscheidungslogiken und Geschäftsregeln, die in der Anforderungsanalyse auftreten können. Auch für das Review der Anforderungen bietet die Entscheidungstabelle eine eindeutige Grundlage zur Abstimmung.

Eine Entscheidungstabelle hat grundsätzlich folgenden Aufbau:

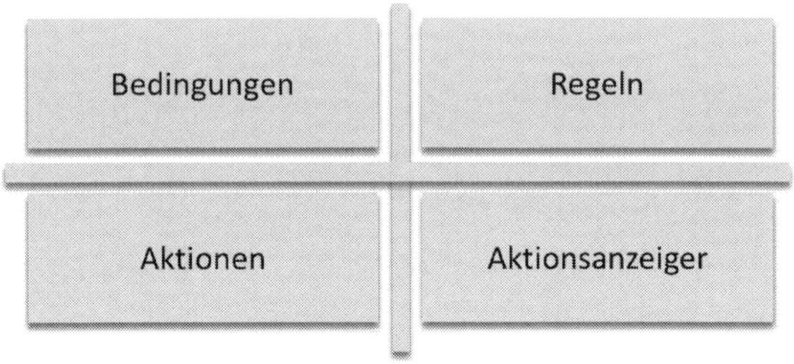

An einem einfachen Beispiel kann man die Darstellung der Abhängigkeiten sehr gut erkennen. Folgende Spezifikation soll abgebildet werden:

In einem Krankenhaus sollen die Besuchszeiten eindeutig geregelt werden. Vom Chefarzt wurden folgende Vorgaben gemacht:

Die Patienten können ohne Einschränkungen innerhalb der Besuchszeit besucht werden, sofern keine ansteckende Krankheit vorliegt und der Patient kein Fieber hat. Außerhalb der Besuchszeit ist in diesem Fall eine Schwester als Begleitung erforderlich. Falls die Patienten eine ansteckende Krankheit haben, werden Besuche ganz abgelehnt. Wenn die Krankheit nicht ansteckend ist, der Patient aber Fieber hat, darf der Besuch innerhalb der Besuchszeit maximal 30 Minuten betragen, außerhalb der Besuchszeit dürfen Patienten mit Fieber nicht besucht werden.

Bedingungen	**Regeln**							
Ansteckende Krankheit	J	J	J	J	N	N	N	N
Innerhalb der Besuchszeit	J	J	N	N	J	J	N	N
Patient hat Fieber	J	N	J	N	J	N	J	N
Aktionen	**Aktionsanzeiger**							
Besuchszeit maximal 30 Minuten					X			
Besuch ablehnen	X	X	X	X			X	
Besuch mit Begleitung einer Schwester								X
Normalbesuch in Besuchszeit						X		

Jetzt lässt sich schon erkennen, dass unterschiedliche Regeln häufig zu gleichen Aktionen führen. Sobald der Patient eine ansteckende Krankheit hat ist ein Besuch ausgeschlossen, unabhängig von anderen Bedingungen.

Abhängig von fachlichen Parametern kann die Entscheidungstabelle konsolidiert/optimiert werden da unterschiedliche Regeln, welche zu gleichen Aktionen führen, zusammengefasst werden.

Nach der Zusammenfassung tritt in der konsolidierten Tabelle an die Stelle eines Bedingungswertes der Irrelevantanzeiger (--). Diese Konsolidierung bedeutet, dass die Prüfung einer Bedingung oder Bedingungskombination für die Auswahl einer Aktion nicht relevant ist. Im Beispiel können die Regeln 1 bis 4 zusammengefasst werden. Ein Besuch wird immer abgelehnt, falls eine ansteckende Krankheit vorliegt, unabhängig von weiteren Bedingungen.

Bedingungen	**Regeln**				
Ansteckende Krankheit	J	N	N	N	N
Innerhalb der Besuchszeit	--	J	J	N	N
Patient hat Fieber	--	J	N	J	N
Aktionen	**Aktionsanzeiger**				
Besuchszeit maximal 30 Minuten		X			
Besuch ablehnen	X			X	
Besuch mit Begleitung einer Schwester					X
Normalbesuch in Besuchszeit			X		

Je nach Komplexität der Anforderungen können solche Entscheidungstabellen sehr groß und ggf. auch miteinander verknüpft werden.

Mit einer Werkzeugunterstützung durch sog. Entscheidungstabellengeneratoren können Entscheidungstabellen und Testfälle automatisch generiert werden und aus der Logik wird ein ausführbarer Quellcode erstellt.

Eine Möglichkeit Entscheidungstabellen für die Testdatenermittlung zu benutzen ist in einem Wikipediaartikel beschrieben:

https://de.wikipedia.org/wiki/Entscheidungstabelle.

6.1.4 Zustandsbasierter Test

Für sehr komplexe Systeme, wie dialogbasierte Abläufe, Systeme mit viel Navigation, Automatisierungstechnik u. ä. sind die bisher beschriebenen Verfahren keine adäquate Lösung.

Hier bietet sich der zustandsbasierte Test an. Auf Basis der Analyse der Spezifikation, wird das Verhalten einer Software (-Komponente) bei Zustandsänderungen abgebildet.

Die Analyse der Zustandsübergänge („state transitions“) identifiziert:

- Zustände („**s**tates“), in denen sich ein System befinden kann
- mögliche Übergänge („**t**ransitions") zwischen den Zuständen
- Ereignisse („**e**vents"), die einen Zustandsübergang auslösen
- Wirkungen („**a**ctions“), die aus einem Zustandsübergang resultieren

Für die Darstellung eines Zustandsdiagramms wird folgende Symbolik und Beschreibung verwendet:

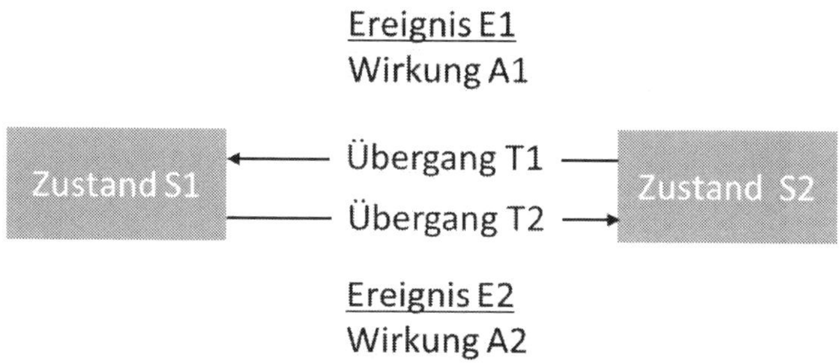

Beispiel:

Für die Funktionen einer Fernbedienung zur Steuerung eines Werbedisplays hat man sich folgende Möglichkeiten überlegt:

Das Display soll nach Einschalten in eine „Stand By" Funktion geschaltet werden und von dort aus in den Anzeigemodus. Aus dem Anzeigemodus kann wieder in die „Stand By" Funktion geschaltet und dann ausgeschaltet oder das Display kann direkt ausgeschaltet werden. Um die korrekte Funktionsweise der Fernbedienung zu prüfen, sind entsprechende Tests für die definierten Zustandsübergänge zu entwerfen.

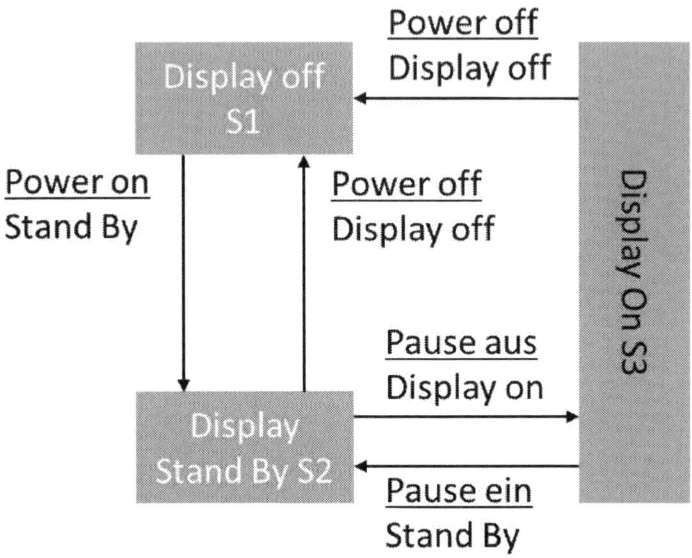

Für einen Test werden daraus folgende Testfälle ermittelt und ausgeführt:

Testfall	1	2	3	4	5
Startzustand	S1	S2	S2	S3	S3
Eingabe	Power on	Power off	Pause aus	Paus ein	Power off
Erwarteter Zustand	Display Stand By	Display off	Display on	Display Stand By	Display off
Endzustand	S2	S1	S3	S2	S1

Eine messbare Testüberdeckung (Testendekriterium) kann erreicht werden, wenn:

- Jeder Zustand wurde mindestens einmal erreicht
- Jeder Zustandsübergang wurde mindestens einmal ausgeführt
- „Alle" fehlerhaften Zustandsübergänge (nicht zulässig, nicht spezifiziert) wurden überprüft

Auch für die Spezifikationen und anschließendem Reviewprozess eignet sich ein Zustandsdiagramm hervorragend, um komplizierte Sachverhalte eindeutig abzubilden und abzustimmen.

6.1.5 Anwendungsfallbasierter Test

Anwendungsfälle in Form von beschriebenen Use Cases oder anderer Darstellung sind eine Möglichkeit, um Interaktionen mit den zu entwickelnden Softwareelementen abzubilden. Man kann aus solchen Anwendungsfällen Tests ableiten, insbesondere dann, wenn diese als Anforderungen an die Softwarefunktionalität vorliegen.

Beispiel Geschäftsprozess Kontoeröffnung bei einer Bank/Sparkasse (nicht vollständig!):

Verschiedene Möglichkeiten bei einer Kontoeröffnung müssen vom System durch entsprechende Eingaben und Hinweise auf vorzulegende Unterlagen unterstützt werden. Beim geschäftsprozessbasierten/anwendungsfallbasierten Testen werden alle möglichen Varianten getestet. Das Hauptszenario, aber auch alle anderen möglichen Szenarien. In diesem Beispiel müsste auch die Kontoeröffnung für eine „seltene" Rechtsform, wie KGaA abgewickelt werden können.

Grafische Darstellungen lassen sich schon im Rahmen der Anforderungserstellung mit Tools unterstützen, die dann schnell Unvollständigkeiten oder falsche Abläufe erkennen lassen. Beispiele für Tools: ADONIS (BOC Group), ARIS Design Platform (IDS Scheer, software AG), ibo Prometheus …

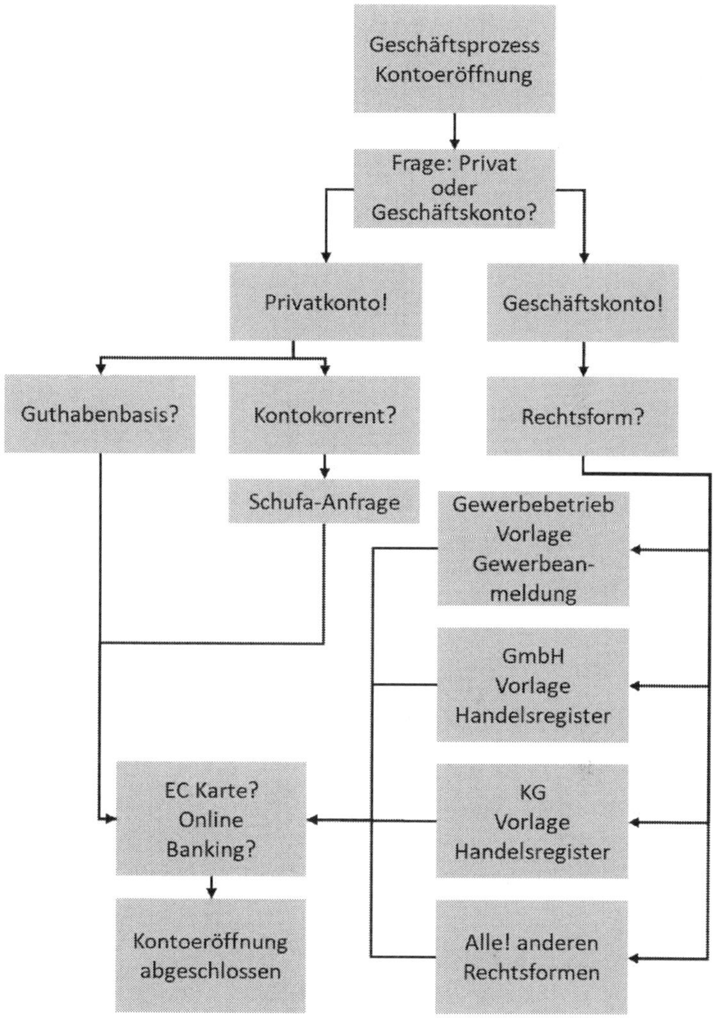

Eine Vielzahl von Testfällen ist notwendig, um alle möglichen Varianten der Kontoeröffnung mit den verschiedenen erforderlichen Unterlagen ausführlich zu testen.

6.2 Whitebox Testentwurfsverfahren

Auch wenn im neuen/aktuellen Syllabus die Whitebox-Testverfahren, die auch als struktureller oder strukturorientierter Test bezeichnet werden, nicht mehr so intensiv behandelt werden, wie im alten Syllabus, möchte ich trotzdem die bekanntesten Verfahren „vollständig“ an Beispielen erklären.

Grundlage aller Verfahren ist die systematische Ableitung/Ermittlung von Testfällen auf Basis der Programmstruktur bzw. Programmcode. Damit ist auch schon das Einsatzgebiet für die Whitebox-Testverfahren festgelegt, sie werden hautsächlich im Komponenten- und Integrationstest eingesetzt (vgl. Kapitel 5.1.2). Da gewisse Kenntnisse in Programmiersprachen und Programmablaufplänen vorausgesetzt wird, ist auch die Rolle klar definiert. Entwickler verfügen über das „Know-how“ und auch die technische Umgebung. Daher wird der Komponententest im V-Modell auch gerne als Entwicklertest bezeichnet.

Die drei, auf den nächsten Seiten beschriebenen Verfahren, werden in der Praxis eingesetzt und haben unterschiedliche „Wertigkeiten“.

- **Pfadüberdeckung**, sehr gründlich, alle unterschiedlichen Programmvarianten werden min. einmal durchlaufen. Aber hoher Aufwand, viele Testfälle erforderlich **P**
- **Entscheidungsüberdeckung**, gilt als Minimalkriterium, alle Entscheidungsausgänge werden einmal getestet **E**
- **Anweisungsüberdeckung**, einfachste Variante des Überdeckungstests, geringe Fehlerentdeckungswahrscheinlichkeit **A**

Die obige Reihenfolge zeigt nicht nur die Wertigkeit der Verfahren, sondern auch die Integration/Zusammenhang der Verfahren. Hat man so viele Testfälle durchgeführt das man 100 % Pfadüberdeckung nachweisen kann, so hat man auch automatisch die Kriterien für 100 % Entscheidungsüberdeckung und 100 % Anweisungsüberdeckung erreicht. 100 % Entscheidungsüberdeckung impliziert immer noch 100 % Anweisungsüberdeckung. Einfach zu merken mit den 3 Buchstaben **P-E-A.**

Darüber hinaus gibt es noch die verschiedenen Varianten der Bedingungsüberdeckung, die ich hier aber nicht weiter beschreibe.

Wenn man die 3 Whitebox-Testentwurfsverfahren ohne Toolunterstützung durchführen will, sollte einem die Programmstruktur in Form eines Programmablaufplans oder Kontrollflussgraphen vorliegen.

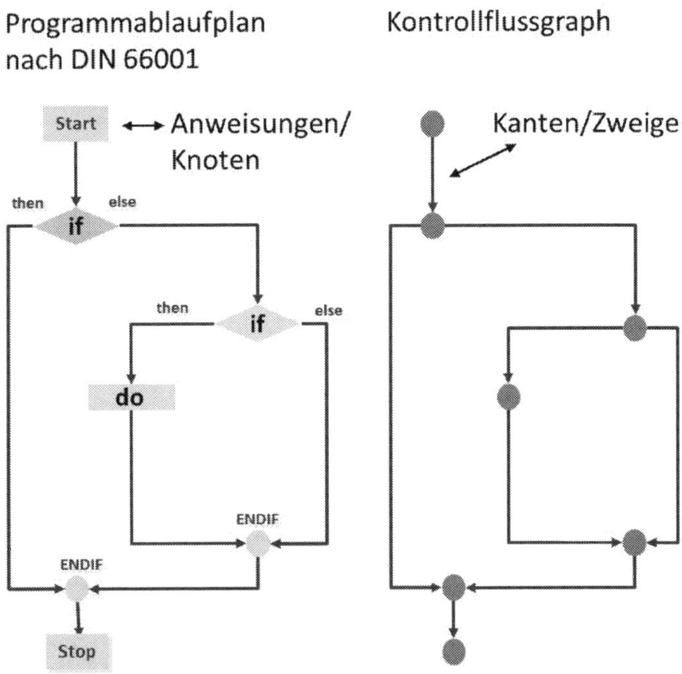

6.2.1 ANWEISUNGSÜBERDECKUNG

Anweisungsüberdeckungstests, auch C0-Test (C= Coverage/Überdeckung) genannt, testen jede Anweisung mindestens ein Mal, wobei alle Elemente eines Programmablaufplans als Anweisungen betrachtet werden (auch endif und Start/Stop).

Wurde jede Anweisung in einem Programm mindestens einmal ausgeführt/durchlaufen, spricht man von vollständiger Anweisungsüberdeckung. Wurde vollständige Anweisungsüberdeckung erreicht, steht fest, dass kein toter Code (Anweisungen, die niemals durchlaufen werden) im Programm existiert.

Anweisungsüberdeckungstests werden selten als alleiniges Testverfahren eingesetzt, da die Testabdeckung eher gering ist. Am Beispiel kann man erkennen, dass die Entscheidungsausgänge (then/else), auf denen keine Anweisung (do) mehr enthalten ist, nicht abgetestet werden (müssen).

Darstellung Anweisungsüberdeckung

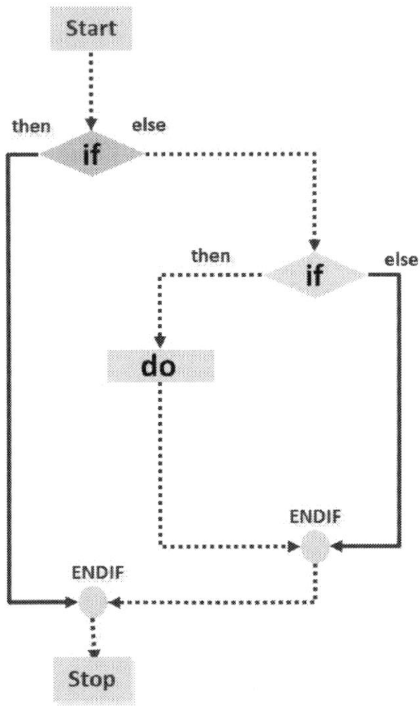

Mit einem Testfall über:

Start, if (else), if (then), do, endif, endif, stop werden alle Anweisungen abgedeckt.

Die nicht gepunkteten Programmvarianten werden hier nicht getestet, da auf den Entscheidungsausgängen keine Anweisung liegt (do). Somit wird eine korrekte Entscheidungsprüfung (then/else) nicht abgeprüft.

Laut Berechnungen spricht man hier von einer Fehlerentdeckungswahrscheinlichkeit von „nur" 18 %.

6.2.2 ENTSCHEIDUNGSÜBERDECKUNG

Entscheidungsüberdeckungstests, auch C1-Test (C=-Coverage/Überdeckung) genannt, testen jede Entscheidung/Abfrage sowohl auf dem Ja/then und Nein /else Ausgang. Wurden alle Entscheidungsausgänge in einem Programm mindestens einmal ausgeführt/durchlaufen, spricht man von einer vollständigen (100 %) Entscheidungsüberdeckung. Die Entscheidungsüberdeckung wird in der Wertigkeit gegenüber den anderen Whitebox-Testentwurfsverfahren auch als Minimalkriterium bezeichnet.

Bei Schleifen reicht per Definition ein Durchlauf für die Überdeckung. Sofern man 100 % Entscheidungsüberdeckung nachweisen kann, hat man auch automatisch 100 % Anweisungsüberdeckung erreicht. Umgekehrt kann es sein, d. h., je nach Programmstruktur kann mit 100 % Anweisungsüberdeckung auch 100 % Entscheidungsüberdeckung erreicht werden (wenn z. B. auf beiden Entscheidungsausgängen je eine Anweisung folgt).

Darstellung Entscheidungsüberdeckung

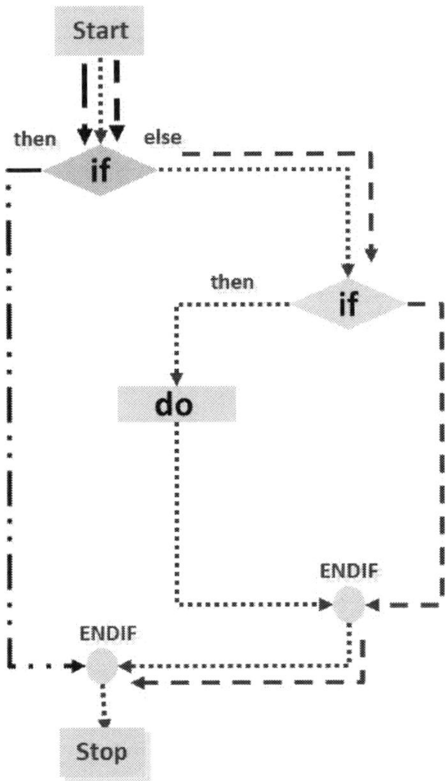

Mit drei Testfällen

1. Testfall, über Start, if (else), if (then), do, while, do, while, endif, endif, stop ....

2. Testfall, über Start, if (else), if (else), endif, endif, stop wird ein weiterer Entscheidungsausgang abgetestet, der im 1. Testfall nicht enthalten war - - - - - - -

3. Testfall, der dann den noch offene Entscheidungsausgang abgetestet. Start, if (then), endif, stop - .. - .. - ..

6.2.3 PFADÜBERDECKUNG

Mit der Pfadüberdeckung werden alle möglichen unterschiedlichen Programmdurchläufe/Varianten mindestens einmal getestet/ durchlaufen. Eine ausführliche Testmethode, die aber einen entsprechenden Aufwand = Anzahl der Testfälle mit sich bringt.

Darstellung Pfadüberdeckung

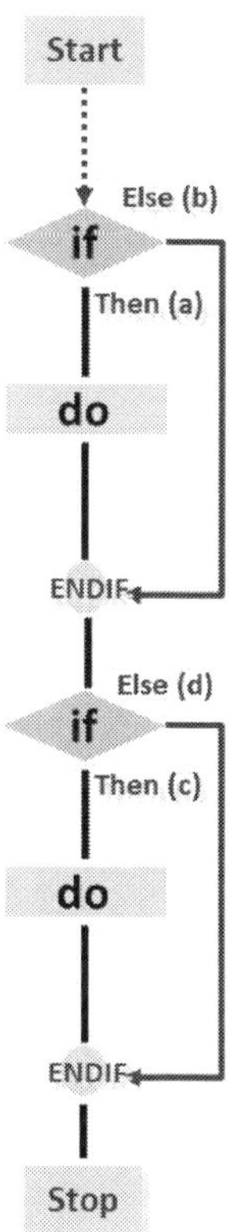

Um alle Programmvarianten einmal abzubilden sind hier 4 Testfälle erforderlich.

1. Start, if then a, do, endif, if then c, do, endif, stop
2. Start, if then b, do, endif, if, then c, do, endif, stop
3. Start, if then b, endif, else d, endif, stop
4. Start, if then a, do, endif, if then d, endif, stop

In einem komplexeren Programm würde sich die Anzahl der benötigten Testfälle entsprechend erhöhen.

Die Entwickler, die solche Tests durchführen, setzen hier Tools ein, sogenannte Überdeckungsanalysatoren (Code Coverage Tools), die durch „Eingriff" (Instrumentierung) in den Quellcode (Einbau von Zählern) automatische Auswertungen über die jeweiligen Überdeckungsverfahren ermitteln.

6.3 Erfahrungsbasiertes Testen

Das erfahrungsbasierte Testen wird in 3 Ausprägungen unterteilt:

- Intuitive Testfallermittlung (Error Guessing)
- Exploratives Testen
- Checklistenbasierter Test

Wie die Bezeichnung es schon aussagt, steht und fällt der Test mit dem Wissen, der Erfahrung, der Intuition der am Test beteiligten Personen.

6.3.1 Intuitive Testfallermittlung (Error Guessing)

- Als primäres Testverfahren bei hohem Risiko nicht geeignet
- Testspezifikation wird dokumentiert (im Gegensatz zum explorativen Testen)
- Können Testfälle liefern, die durch formale, methodische Verfahren nicht leicht zu erfassen sind

6.3.2 Exploratives Testen (Ad hoc Testen)

- Keine Testvorbereitung
- Keine erkennbaren Testentwurfsverfahren
- Keine Vorabspezifikation von vorausgesagten Ergebnissen

- Mehr oder minder willkürliche Testdurchführung
- Test-Charta (Eine Anweisung von Testzielen und möglichen Testideen wie getestet werden soll)
- Wird innerhalb festgelegter Zeitfenster durchgeführt
- Empfohlen, wenn es keine oder nur ungeeignete Spezifikationen gibt oder unter hohem Zeitdruck gearbeitet wird

6.3.3 Checklistenbasierter Test

Bei den Checklistenbasierten Tests werden Testfälle auf Basis von in Checklisten aufgeführten Testbedingungen entworfen und durchgeführt. Im Rahmen der Testvorbereitung erstellen die Tester eine neue Checkliste oder erweitern eine bestehende Checkliste. Solche Checklisten sind auf Grundlage von Erfahrung und Wissen, warum sich eine Software fehlverhalten kann, entstanden.

Checklisten können erstellt werden, um verschiedene Testarten zu unterstützen, einschließlich funktionaler und nicht funktionaler Tests.

Bei allen erfahrungsbasierten Testverfahren ist das Kosten/Nutzen-Verhältnis zu betrachten. Wieviel bringt mir 3 Tage exploratives Testen? Da hier keine messbaren Testendekriterien zum Ansatz gebracht werden (können), sollte man zeitlich begrenzte Testsession einrichten. Man bezeichnet das dann als SBTM (**S**ession **B**ased **T**est **M**anagement).

Hierbei werden den einzelnen Testern grobe Aufgabenstellungen (Sessions) vorgegeben, für die sie eine Zeitspanne von 60 – 120 Minuten zur Bearbeitung haben. Anschließend werden die Ergebnisse in einem Protokoll festgehalten. So kann doch eine gewisse Abdeckung bestimmter Funktionen/Tests sichergestellt werden.

Notizen, Anmerkungen:

7 Statischer Test

7.1 Statische Prüftechniken

Zu den statischen Prüftechniken gehören die Reviews und die meist maschinell unterstützte statische Analyse. Da diese Methoden vor der dynamischen Testdurchführung ablaufen, werden hier schon Fehlerzustände (innere Fehler) frühzeitig entdeckt. Dies führt zu erheblichen Kosteneinsparungen und Effizienzverbesserungen beim Testen und in der Entwicklung (s. a. Kapitel 10.1).

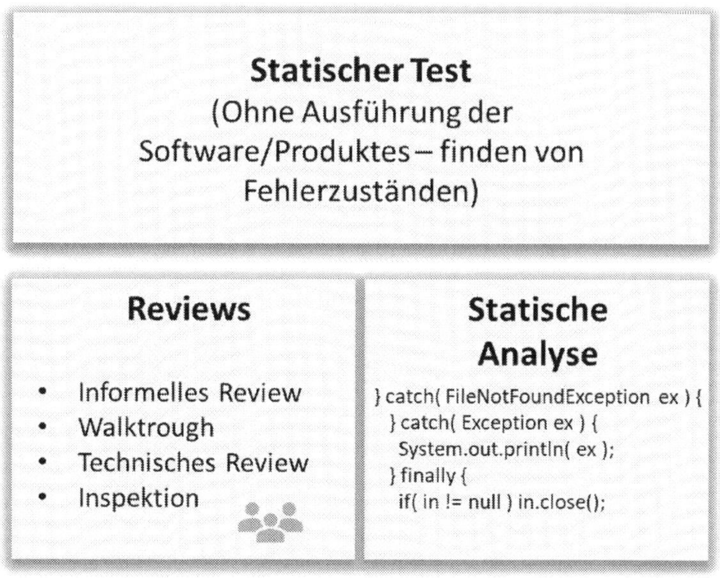

7.2 Reviews

Alle im Folgenden beschriebenen Reviewarten haben eine Gemeinsamkeit, mit ihnen werden Fehlerzustände, Unvollständigkeiten oder andere Inkonsistenzen in den Anforderungen/Spezifikationen frühzeitig festgestellt.

Hier werden die sogenannten Dokumentenreviews beschrieben, darüber hinaus gibt es noch Prozessreviews, wie das Managementreview und das Audit, die sich allerdings mit dem Fortschritt des Projektes bzw. mit der Konformität der Prozesse beschäftigen.

Die möglichen Reviewdokumente entstehen während des gesamten Softwareentwicklungsprozesses. Auch wenn der Fokus auf den Anforderungen liegt, gibt es eine Vielzahl von weiteren Dokumenten, die unbedingt einem Review unterzogen werden sollten, wie zum Beispiel:

- Fachlicher Lösungsansatz
- Testfälle
- Ablaufsteuerung
- Benutzerhandbuch
- RZ-Dokumentation
- Testkonzept
- JCL (job control language)

7.2.1 Reviewarten

In der Norm ISO 20246 System und Software-Engineering - Bewertungen von Arbeitsergebnissen (alt IEEE 1028) werden alle möglichen Reviewarten detailliert beschrieben. Im Lehrplan sind vier Reviewarten, die sich mit dem Prüfen von Dokumenten (Dokumentenreviews) beschäftigen, beschrieben.

Daneben gibt es noch sogenannte Prozessreviews wie Managementreview und Audit.

Informelles Review

Das ist eine einfache, aber trotzdem effektive Art eines Reviews. Unterstützt durch Word im Überarbeitungsmodus, mit Excel Listen, um die Änderungen einzutragen oder „on the fly“ mit dem Beamer an die Wand. Aber auch hier ist ein Mindestmaß an Dokumentation erforderlich, es muss jederzeit erkennbar sein, wer welche Änderung eingebracht hat und was im Original gestanden hat.

Walkthrough

Diskussion von Szenarien, Probeläufen und Alternativen im Kreis gleichgestellter Mitarbeiter mit möglichst niedrig gehaltenem Aufwand. Hier ist der Autor auch gleichzeitig der Moderator.

Zweck: Lernen, Verständnis erzielen und Fehler finden.

Technisches Review

Fachliche Prüfung eines wesentlichen Dokumentes (z. B. Architekturentwurf) auf Übereinstimmung mit der Spezifikation

Zweck: Diskussion, Entscheidungen treffen, Alternativen bewerten, Fehler finden, technische Probleme lösen.

Inspektion

Formalste Reviewtechnik mit einem dokumentierten Vorgehen. Dies ist regulatorisch vorgeschrieben bei der Entwicklung von sicherheitskritischer Software (Medizintechnik, Automotive, Flugzeugbau ...).

Zweck: Sichtüberprüfung von Dokumenten, um Mängel zu finden (z. B. Nichteinhaltung von Entwicklungsstandards, Nicht-Konformität gegenüber Spezifikationen, regulatorische Anforderungen usw.).

7.2.2 Aktivitäten eines formalen Reviews

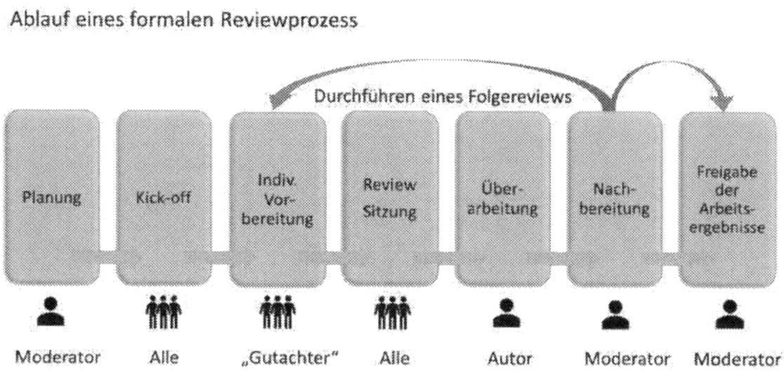

Planung

- Zweck des Reviews, welche Unterlagen werden wie gereviewt
- Auswahl der beteiligten Personen und Besetzung der Rollen
- Festlegung der Vor- und Nachbedingungen
- Agenda für Kick-Off Meeting

Reviewbeginn (Kick-Off)

- Verteilung der Dokumente
- Erläuterung der Aufgaben, der Ziele und des Prozesses
- Festlegung der Dokumentationsmethode

Individuelles Review (Individuelle Vorbereitung)

- Notierung von potentiellen Fehlern, Fragen und Kommentaren

Befundkommunikation und -analyse (Reviewsitzung)

- Diskussion, Abstimmung und Protokollierung der Ergebnisse
- Empfehlungen geben oder Entscheidungen über Fehler treffen
- Bewertung der Befunde für das weitere Vorgehen, auch in Bezug auf definierte Endekriterien, Freigabe des Dokuments

Fehlerbehebung und Bericht (Überarbeitung)

- Beheben der gefundenen Fehler, typischerweise durch den Autor
- Information über die gefundenen Fehler (tue Gutes und rede drüber …)

7.2.3 Output Review

Auch wenn einige Punkte schon in der Fehlerbehebung und im Bericht abgedeckt werden, sollten am Ende des Reviews folgende Ergebnisse bzw. weitere Bearbeitungsschritte vorliegen und in einem Protokoll festgehalten werden:

- Protokollierte Abweichungen zum Prüfgegenstand
- Änderungen an den Dokumenten, Spezifikationen und ggf. schon realisierten Softwareprodukten
- Metriken zum Reviewprozess (Aufwand, Fehlerfindungsrate)
- Verbesserungsvorschläge zum Reviewprozess selber (Effizienz, Ablauf, „lesson learned")
- zu Dokumentationsstandards (Aufbau und Struktur der Spezifikationen, Lesbarkeit)

7.2.4 ROLLEN UND VERANTWORTLICHKEITEN

Bei einem formalen Review sollten folgende Rollen und Verantwortlichkeiten besetzt sein:

- Management
- Moderator
- Autor
- „Gutachter“, Prüfer
- Protokollant

Je nach Anforderung können weitere Personen für „Spezialfragen“ hinzugezogen werden, wie z. B. Hardwarespezialist, Datenbankarchitekt ...

7.2.5 Anwendung von Reviewverfahren

Für die Umsetzung der verschiedenen Reviewarten, können besonders im Rahmen der individuellen Vorbereitung, verschiedene Reviewverfahren eingesetzt werden. D. h., unterschiedliche Betrachtungsweisen der Prüfobjekte. Beispiele für die Anwendung/Umsetzung unterschiedlicher Reviewarten:

Ad hoc

In einem Ad-hoc-Review wird den Reviewern nur wenig oder gar keine Anleitung an die Hand gegeben, wie die Aufgabe zu erfüllen ist.

Reviewer lesen häufig das Arbeitsergebnis sequenziell und identifizieren und dokumentieren Befunde, sobald sie auf sie stoßen. Ad-hoc-Reviews sind ein verbreitet genutztes Verfahren, das wenig Vorbereitung erfordert.

Checklistenbasiert

Das checklistenbasierte Review ist ein systematisches Verfahren, bei dem die Reviewer Befunde auf Basis von Checklisten erkennen.

Eine Reviewcheckliste besteht aus einem Set an Fragen, die auf potenziellen Fehlerzuständen basieren und sich aus Erfahrungen ableiten lassen. Solche Checklisten sollten regelmäßig aktualisiert werden, um „Fehler", die in früheren Reviews übersehen wurden, abzudecken.

Szenarien und Dry Runs (Probeläufe)

In einem szenariobasierten Review erhalten die Reviewer strukturierte Richtlinien, wie sie ein Arbeitsergebnis durchlesen sollen. Ein szenariobasierter Ansatz unterstützt Reviewer dabei, Probeläufe mit dem Arbeitsergebnis auf Basis der erwarteten Nutzung des Arbeitsergebnisses durchzuführen. Diese Szenarien geben Reviewern bessere Möglichkeiten, wie spezifische Fehlerarten identifiziert werden können, als einfache Checklisteneinträge.

Rollenbasiert

Ein rollenbasiertes Review ist eine Methode, in dem die Reviewer das Arbeitsergebnis aus der Perspektive von individuellen Stakeholderrollen bewerten. Typische Rollen beinhalten spezifische Arten von Endanwendern (erfahren, unerfahren, Senioren, Kinder usw.) und spezifische Rollen innerhalb einer Organisation (Benutzeradministrator, Systemadministrator, Performanztester usw.).

Perspektivisch

Ähnlich wie im rollenbasierten Review, nehmen die Reviewer beim perspektivischen Review unterschiedliche Standpunkte von unterschiedlichen Stakeholdern ein. Mögliche Rollen von Stakeholdern wären u. a. Endanwender, Marketing, Designer, Tester oder Betrieb.

Ähnlich der Walt-Disney-Methode, eine Möglichkeit einer Kreativitätstechnik auf der Basis eines Rollenspiels, bei dem eine oder mehrere Personen ein Problem aus unterschiedlichen Blickwinkeln betrachten und diskutieren.

7.2.6 Erfolgsfaktoren für Reviews

Es gibt eine Menge von Erfolgsfaktoren für die Durchführung eines Reviews bzw. die Einführung eines Reviewprozesses. Neben allen personellen und organisatorischen Anforderungen sind folgende Faktoren als Voraussetzung zu beachten:

- Es gelten bekannte Spielregeln bzgl. Kommunikation und Kritik
- Es werden nicht die Teilnehmer oder der Autor beurteilt, sondern das Arbeitsergebnis
- Angemessene oder regulatorisch sinnvolle Reviewtechniken werden angewendet
- Falls erforderlich, finden Schulungen in Reviewtechniken statt, besonders für die formaleren Methoden, wie die Inspektion
- Abhängig von den Reviewzielen werden geeignete Personen ausgewählt
- Tester sind geschätzte Gutachter, die einen Beitrag zum Review leisten. Dadurch lernen sie auch das Produkt frühzeitig kennen, was sie befähigt Tests früher vorzubereiten bzw. Hilfestellung in der Anforderungsspezifikation zu geben

- Gefundene Fehlerzustände werden positiv aufgenommen und werden objektiv zur Sprach gebracht – tue Gutes und rede darüber
- Es liegt eine Betonung auf Lernen und Prozessverbesserung

Der wichtigste Erfolgsfaktor ist:

- Das Management unterstützt den Reviewprozess, indem es angemessene Zeit und Ressourcen für die Reviewaktivitäten einplant und bereitstellt

7.3 Statische werkzeuggestützte Analyse

Mit der statischen Analyse erfolgt eine (meist) werkzeugunterstützte Prüfung des Testobjektes ohne Ausführung. Ziel ist es Fehlerzustände oder Abweichungen im Code aufzudecken.

Maschinelle Statische Analysatoren

- Analysieren den Programmcode (z. B. Kontrollfluss und Datenfluss), ebenso wie generierte Ausgaben wie HTML und XML
- Können die Einhaltung von Konventionen und Standards, z. B. Programmierrichtlinien überprüfen
- Prüfen Logik und Syntax (Form) vom Code (sofern nicht schon durch einen Compiler erkannt)
- Erstellen von Metriken über den Programmfluss, Code und dessen Komplexität

Neben den logischen Prüfungen, die erst beim kompilieren entdeckt werden, können statische Analysatoren eine Vielzahl von Fehlerzuständen und anderen Unzulänglichkeiten vorher im Quellcode finden (Beispiele):

- Nicht initialisierte oder deklarierte Variablen
- Nie verwendete Variablen, Funktionen und Klassen

- Variablen, die zwischen zwei Zuweisungen nicht verwendet werden
- Code, der niemals erreicht werden kann
- Überflüssige If-Abfragen
- Endlos laufende Schleifen
- Doppelte Codepassagen (Fehler bei Copy & Paste)

Mit solchen Tools kann man auch die sogenannte „zyklomatische Komplexität“ berechnen lassen, eine Formel die Thomas J. McCabe entwickelt hat und u. a. einen Wert auf Grundlage der Anzahl von Knoten und Kanten berechnet (s. Whiteboxtest Kapitel 6.2). Der berechnete Wert wird dann gegen eine Tabelle gewertet.

Zyklomatische Zahl = **v(G) = e-n+2**	**e**: Kanten (Übergang zwischen 2 Knoten) **n**: Knoten (Entscheidungspunkte)
≤ 10	verständlich und einfach strukturiert
11 – 20	durchschnittlich verständlich
21 – 49	problematisch und teuer in der Wartung
≥ 50	unverständlich und sehr fehleranfällig

Die Methodik hat auch ihre Einschränkungen bzgl. der verwendeten Programmiersprachen, die aber hier nicht weiter ausgeführt werden.

Notizen, Anmerkungen:

8 Testmanagement

Zum Aufgabenbereich des Testmanagements aus Sicht des Seminars Foundation Level zählen die nachfolgen Aktivitäten:

- Testorganisation
- Testplanung und -schätzung
- Testfortschrittsüberwachung und Teststeuerung
- Konfigurationsmanagement
- Risiko und Testen
- Fehler- und Abweichungsmanagement

Im Rahmen der ISTQB® Zertifizierungen wird für den gesamten Themenbereich Testmanagement ein Advanced Seminar Testmanager über 5 Tage mit einer 3 stündigen Prüfung angeboten.

8.1 Testorganisation

8.1.1 Aufgaben eines Testmanagers und die des Testers

Laut Lehrplan wird zwischen diesen beiden Rollen (Testmanager, Tester) unterschieden, wobei hier auch die unternehmens- und projektspezifischen Gegebenheiten zu berücksichtigen sind. Weitere

Rollenbezeichnungen sind u. a. Testleiter oder Testkoordinator.

Auch die Rolle des Testers kann viele verschiedene Ausprägungen haben, wie:

- Tester
- Test-Analyst
- Test-Designer
- Test-Engineer
- Spezialrollen (Testautomatisierungsspezialist, Testumgebungsspezialist, Testdaten-Manager…)

Natürlich wird der Tester bei vielen Testmanagementaktivitäten mitarbeiten und erforderliches Input liefern. Für den Testmanager ist es wichtig, dass die Verantwortungsbereiche klar definiert sind, damit er seine Aufgaben auch entsprechend ausführen kann (Rollenbeschreibung, Kompetenzen).

Neben den eigentlichen Testmanagementqualifikationen gehört auch die soziale Kompetenz zu seinem Aufgabengebiet. Er hat die am Test beteiligten Mitarbeiter zu führen und zu steuern und ihnen gegenüber eine Wertschätzung entgegen zu bringen.

Dazu gehören auch Motivation und Kommunikation (intern, extern). Neben erforderlichen Zertifizierungen und fachlichen Erfahrungen kann die Rolle von Projektmanagern, Qualitätsmanagern oder Entwicklungsmanagern besetzt werden.

Wenn man den fundamentalen Testprozess betrachtet, kann man die Aufgaben und Verantwortlichkeiten der **Rolle des Testmanagers** so zuordnen:

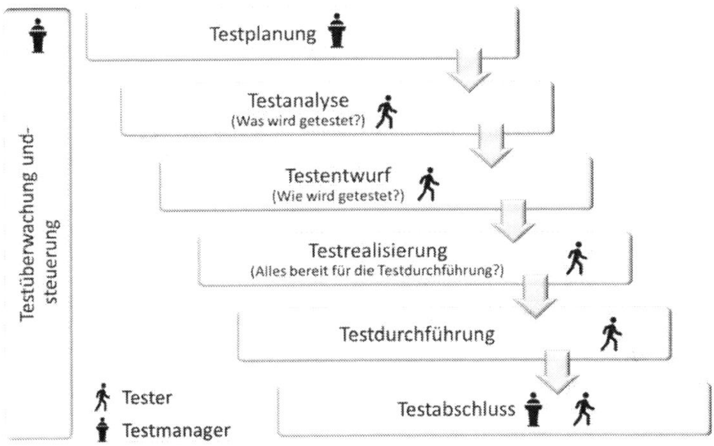

- Mitarbeit bei der Erstellung der Testrichtlinie und Teststrategie für das Unternehmen
- Die Testaktivitäten planen, Auswahl von Testvorgehensweisen, die Schätzung der Testdauer, des Aufwands, der Kosten und die Festlegung von Teststufen

- Testkonzepte schreiben, aktualisieren und mit allen Beteiligten abstimmen
- Die Wichtigkeit des Testens im Projekt darstellen und die Aufwände argumentieren
- Die Analyse, den Entwurf, die Realisierung und die Durchführung von Tests anstoßen
- Den Testfortschritt und die Testergebnisse überwachen und den Stand der Endekriterien (oder der Definition-of-Done) prüfen
- Testfortschrittsberichte und Testabschlussberichte auf der Grundlage der gesammelten Informationen und eingesetzten Metriken erstellen und verteilen
- Anpassung der Planung und notwendige Maßnahmen zur Teststeuerung in die Wege leiten
- Das Aufsetzen des Fehlermanagementsystems und eines angemessenen Konfigurationsmanagements für Testmittel unterstützen und die Wichtigkeit kommunizieren
- Geeignete Metriken für die Messung des Testfortschritts und die Bewertung der Qualität des Testens und des Produkts auswählen und einführen
- Unterstützung bei der Auswahl und dem Einsatz von Werkzeugen für den Testprozess,

einschließlich der Empfehlung des Budgets für die Werkzeugauswahl

- Über die Realisierung und Aufbau von Testumgebungen entscheiden
- Die Tester, das Testteam und das Berufsbild Tester innerhalb des Unternehmens entwickeln und fördern
- Die Fähigkeiten und Aufstiegsmöglichkeiten von Testern weiterentwickeln (bspw. durch Schulungspläne, Leistungsbeurteilungen, Coaching usw.) sowie die Aktualisierung der Skill-Profile

Wie die Auflistung zeigt, handelt es sich um klassische Managementaufgaben, wie man sie auch im Projektmanagement findet.

Die **Tester** hingegen sind für die Vorbereitung und Ausführung der Tests verantwortlich, somit liegt der Schwerpunkt in der Testanalyse/Testentwurf und in der Testrealisierung/Testdurchführung. Dazu gehören:

- Das vom Testmanagement erstellte Testkonzept prüfen und Inhalte liefern
- Anforderungen, User-Stories, Spezifikationen und Modelle (d. h. die Testbasis) auf Testbarkeit analysieren, prüfen und beurteilen

- Die Testbedingungen identifizieren und dokumentieren und die Rückverfolgbarkeit zwischen Testfällen, Testbedingungen und der Testbasis erfassen und sicherstellen
- Die Testumgebung(en) entwerfen, einrichten und verifizieren, in Abstimmung mit der Systemadministration
- Testfälle und Testabläufe entwerfen und realisieren
- Testdaten vorbereiten und beschaffen
- Den detaillierten Testausführungsplan erstellen
- Die Tests durchführen, die Ergebnisse bewerten und Abweichungen von den erwarteten Ergebnissen dokumentieren
- Geeignete Werkzeuge zur Unterstützung der Testaktivitäten verwenden
- Bei Bedarf Tests automatisieren
- Die nicht-funktionalen Eigenschaften, wie Performanz, Zuverlässigkeit, Gebrauchstauglichkeit, Informationssicherheit, Kompatibilität und Übertragbarkeit bewerten
- Tests prüfen, die von anderen entwickelt wurden

8.1.2 Unabhängigkeit des Testens

Wenn der Entwickler sein eigenes Programm testet ist die Gefahr, dass er einen Fehler übersieht, recht hoch. Daher sollte eine gewisse Unabhängigkeit beim Testen angestrebt werden.

Je nach Organisation im Unternehmen können folgende Unabhängigkeitsstufen angestrebt werden:

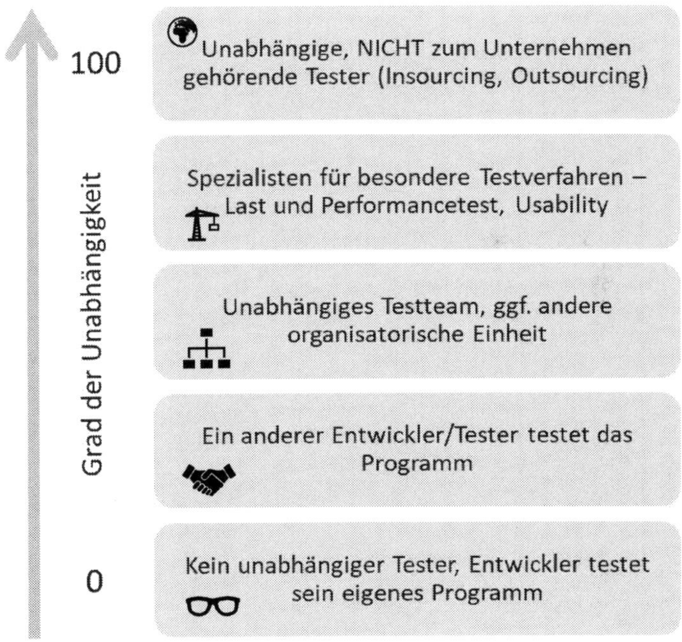

Mögliche Vorteile von Testunabhängigkeit sind u. a.:

- Unabhängige Tester erkennen andere Fehlerwirkungen als Entwickler, da sie unterschiedliche Hintergründe, unterschiedliche technische Sichtweisen haben und gegenüber dem Testobjekt unvoreingenommen sind
- Unabhängige Tester können Annahmen, die in Spezifikationen oder bei der Programmierung getroffen wurden, kritisch hinterfragen

Mögliche Nachteile von Testunabhängigkeit sind u. a.:

- Die Isolation des Entwicklungsteams kann zu fehlender Zusammenarbeit und verzögerten Rückmeldungen an das Entwicklungsteam führen
- Die Entwickler haben nicht mehr das Verantwortungsbewusstsein hinsichtlich der Qualität, die Tester werden die Fehler schon finden
- Bei einer Ressourcenknappheit der unabhängigen Tester kann es zu einem terminlichen Engpass kommen

8.2 Testplanung und –Schätzung

8.2.1 Zweck und Inhalt eines Testkonzepts

Im Dokument Testkonzept werden die Testaktivitäten für dieses eine Testprojekt festgelegt. Das Testkonzept muss sich an den Ausführungen in der Testrichtlinie (Testpolitik) des Unternehmens und der ausgewählten Teststrategie orientieren.

Im Lehrplan wird hier auch der Begriff Testplanung benutzt. Mit dem Fortschritt des Projekts werden immer mehr Informationen verfügbar und mehr Details können in das Testkonzept einfließen. Die Testplanung ist eine kontinuierliche Aktivität und findet über den gesamten Testprozess und ggf. noch darüber hinaus statt.

Die Erstellung des Testkonzepts ist eine klassische Testmanagementaufgabe. Die Bereitstellung von notwendigen Informationen und das Review sind Aufgaben der Tester.

Im Testkonzept sollten u. a. folgende Punkte beschrieben sein, die je nach Projekt ergänzt werden können:

- Testumfang, Ziele und der Risiken der Tests festlegen
- Allgemeine Testvorgehensweise beschreiben

- Abstimmung der Testaktivitäten mit den jeweiligen Softwarelebenszyklusaktivitäten
- Entscheidungen darüber, was zu testen ist sowie die Ressourcen (Personen, Hardware...), die notwendig sind, um die verschiedenen Testaktivitäten durchzuführen
- Planen der Testaktivitäten in Bezug auf den gewählten Testprozess
- Auswählen der Metriken zur Testüberwachung und -steuerung
- Budgetierung für die Testaktivitäten
- Festlegen der Testdokumentation (Dokumentenvorlagen)
- ...

Eine **Mustergliederung** für ein Testkonzept nach ISO/IEC/IEEE 29119 ist im Kapitel 10.6 dargestellt.

8.2.2 Teststrategien, Testvorgehensweise

Die **Teststrategie** (Synonym Testhandbuch) beschreibt die allgemeinen Anforderungen an den Test für eine Organisation. Grundlage ist die Testrichtlinie. Die Teststrategie bildet die Basis zur Ableitung eines Testkonzeptes in den Projekten und beschreibt den Testprozess, die durchzuführenden Teststufen und die übergeordneten, testbezogenen Testaktivitäten sowie die Testmethoden des Unternehmens.

Weitere typische Inhalte sind einzuhaltende Standards, mögliche Testumgebungen sowie Ansatz und Umfang der Testautomation. In der Teststrategie werden auch allgemeine Testeingangs -und Testendekriterien beschrieben, die dann für das konkrete Projekt im Testkonzept exakt ausformuliert werden.

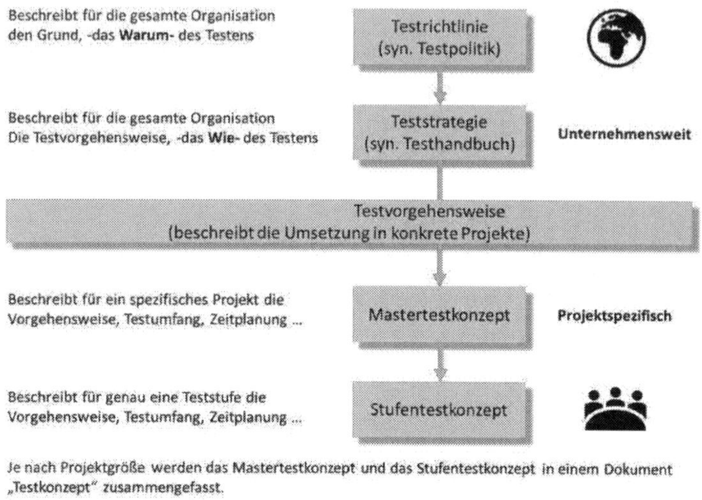

Testvorgehensweise

Die Testvorgehensweise ist die Umsetzung der Teststrategie in einem spezifischen Projekt. Die Testvorgehensweise wird in den Testkonzepten und im Testentwurf definiert und verfeinert. Sie enthält typischerweise die Entscheidungen, basierend auf den Projektzielen und der Risikoanalyse. Sie ist der Ausgangspunkt für die Planung des Testprozesses, für die Auswahl der Testentwurfsverfahren und der durchzuführenden Testarten sowie für die Spezifikation der Eingangskriterien und Endekriterien.

Die gewählte Testvorgehensweise ist abhängig vom Kontext. Die Auswahl kann beeinflusst sein von Faktoren wie Risiken, Gefahren und Sicherheit, verfügbare Ressourcen und deren Fähigkeiten, die Technologie, Art des Systems, Testzielen und Regularien.

Typische Vorgehensweisen:

- **Analytische** Vorgehensweisen, wie z. B. das risikoorientierte Testen, in dem das Testen auf die Bereiche der größten Risiken ausgerichtet ist

- **Modellbasierte** Vorgehensweisen, wie das stochastische Testen (u. a. dem Zufall unterworfen – Wahrscheinlichkeitsrechnung), dass statistische Informationen über Ausfallraten oder Systembenutzung (beispielsweise Benutzungsprofile) nutzt

- **Methodische** Vorgehensweisen, wie das ausfallbasierte (einschließlich intuitiver Testfallermittlung und Fehlerangriff), erfahrungsbasierte, checklistenbasierte und qualitätsmerkmalbasierte Testen

- **Prozess- oder standardkonforme** Vorgehensweisen, spezifiziert durch Industriestandards oder die verschiedenen agilen Methoden

- **Dynamische und heuristische** Vorgehensweisen, wie das explorative Testen, bei dem das Testen weniger vorgeplant ist und stärker auf Ereignisse reagiert und Durchführung und Auswertung parallel laufen

- **Angeleitete (oder beratende)** Vorgehensweisen, in denen die Testüberdeckung primär durch Hinweise und Beratung von Technologie- und/oder Geschäftsbereichsexperten außerhalb des Testteams bestimmt wird

- **Leistungserhaltende** Vorgehensweisen, bei denen man vorhandene Tests und Testumgebungen (aus früheren Projekten), umfangreiche Automatisierung von funktionalen Regressionstests und Standardtestsuiten als Ausgangsbasis übernimmt. Ziel ist, die Tests schnell und pragmatisch aufzusetzen

- **Reaktive** Vorgehensweise, bei dieser Art von Teststrategie wird auf Ereignisse, die während des Testens auftreten, reagiert. Tests werden auf Erkenntnisse durch vorherige Testergebnisse entworfen. Exploratives Testen ist ein typischer Vertreter dieser Teststrategie

Unterschiedliche Ansätze können kombiniert werden, beispielsweise zu einer risikoorientierten, dynamischen Vorgehensweise.

8.2.3 Testeingangs- und Endekriterien

Testeingangskriterien

Es gibt diverse Voraussetzungen, damit das Testen überhaupt begonnen werden kann. Manche Punkte hören sich etwas trivial an, aber je größer ein Unternehmen ist, desto schwieriger ist die Bereitstellung aller Mittel, die zum Start des Testens gegeben sein müssen.

- Verfügbarkeit und Einsatzbereitschaft der Testumgebung, Hardware, Software, verschiedene Testumgebungen
- Testwerkzeuge, Installation, Lizenzen, Werkzeug Know-how der Mitarbeiter
- Verfügbarkeit des testbaren Codes, aktuelle Version, Releasenotes
- Verfügbarkeit der Testdaten und Testfälle, Daten für Testautomatisierung
- Verfügbarkeit der Ressourcen, Tester, Testlab, spezielle Hardware

Je nach Unternehmen gibt es noch eine Vielzahl weiterer Voraussetzungen, die erfüllt sein müssen, um mit dem Testen zu beginnen. Verzögerungen führen i. d. R. zu einer Abweichung vom Projektplan und zur Demotivation der beteiligten Personen. Wenn man aus der Vergangenheit um solche kritischen Punkte weiß, dann sollte man versuchen, die Prozesse für die nächsten Projekte zu optimieren.

Testendekriterien

Die Testendekriterien, auch als Testausgangskriterien bezeichnet, definieren, wann mit dem Testen aufgehört werden kann/werden muss. Um eine verbindliche Definition für alle Beteiligten zu haben, sollten die Testendekriterien mindestens ein wichtiges Merkmal haben, sie müssen **messbar** sein. Hier kann man sich auch einer Vorgehensweise aus dem Projektmanagement bedienen, da auch dort die eindeutige Beschreibung der Projektziele für alle Parteien unabdingbar ist (u. a. Abnahmeprozess). Die Methode ist unter der Bezeichnung **SMART** bekannt und hilft die Ziele eindeutig zu definieren/präzisieren.

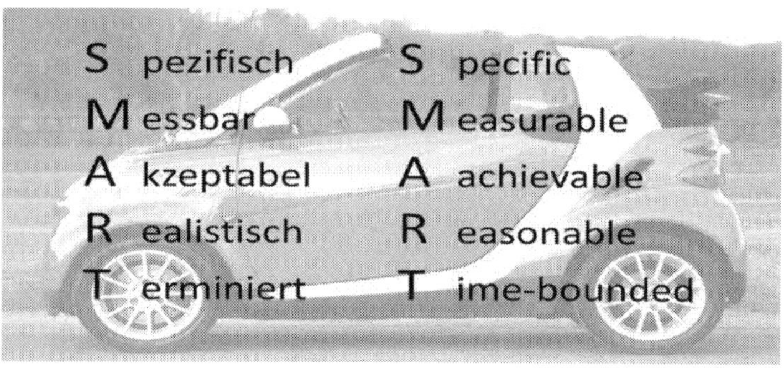

Typische Testendekriterien, auch teststufenspezifisch:

Erreichte Abdeckungs/Überdeckungsmaße

- Anweisungsüberdeckung
- Entscheidungsüberdeckung
- Grenzwertüberdeckung
- Risikobasierter Ansatz
- Anforderungsüberdeckung
- ...

Zeit und Budget

- Gesetzliche Regelung tritt zum ... ein (Euroumstellung 2002, Jahr 2000 Datumsumstellung)
- Geplantes Testbudget ist verbraucht

8.2.4 Testausführungsplan

Sobald die verschiedenen Testfälle und Testabläufe erstellt und in Testsuiten aufgenommen sind, können die Testsuiten in einem Testausführungsplan zusammengestellt werden, aus dem die Reihenfolge ersichtlich ist, in der sie ablaufen sollen.

Der Testausführungsplan sollte Faktoren wie Priorisierung, Abhängigkeiten, Fehlernachtests, Regressionstests und die effizienteste Abfolge für die

Durchführung der Tests berücksichtigen. Der Einsatz von Tools kann die Planung effizient unterstützen.

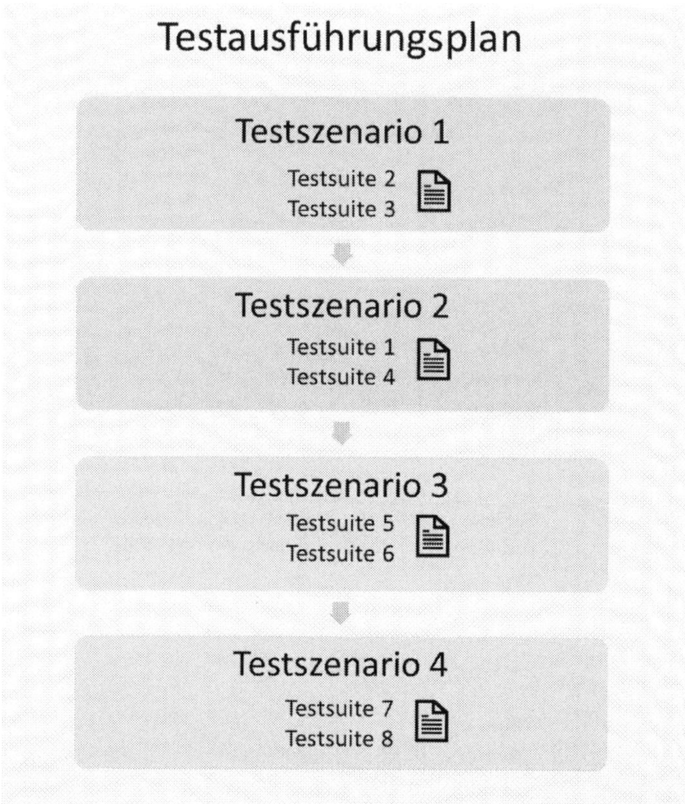

„Der Testausführungsplan enthält die Testabläufe mit ihrem Kontext und der auszuführenden Reihenfolge.“[GTB-GLOSS]

8.2.5 Den Testaufwand beeinflussende Faktoren

Die im Folgenden beschriebenen Methoden zur Testaufwandsschätzung sollen eine verbindliche Aussage über Zeit, Dauer, Aufwand und Kosten liefern.

Neben den klassischen Testaufgaben gibt es eine Vielzahl von Einflussfaktoren, die die Testaufwandsschätzung zum Teil erheblich beeinflussen können und sehr viel mit Erfahrung, auch aus ähnlichen Projekten, zu tun haben, aber unbedingt berücksichtigt/eingeplant werden müssen. Beispiele hierfür:

Produkteigenschaften:

- Die Qualität der Testbasis (Anforderungen, Spezifikationen)
- Die Größe des Produkts
- Die funktionalen und nichtfunktionalen Anforderungen bezüglich Qualitätsmerkmalen (z. B. Zugriffssicherheit, Zuverlässigkeit, s. a. ISO25010)
- Der Umfang und Detaillierungsgrad der Testdokumentation und anderer Testbasisdokumente
- Gesetzliche und regulatorische Anforderungen (Konformität)

Prozessmerkmale:

- Verfügbarkeit von qualifizierten Ressourcen
- Stabilität und Reife der Organisation
- Gewähltes Entwicklungsmodell
- Genutzten Werkzeuge (Werkzeug Know-how)
- Zeitdruck

Menschliche Eigenschaften

- Die Fähigkeiten, Erfahrungen und Fachkenntnisse der beteiligten Personen (in Bezug auf Testverfahren)
- Einstellung gegenüber dem Testen
- Teamzusammenhalt und Leitung

8.2.6 Testschätzverfahren

Natürlich gehört zu den Hauptaufgaben des Testmanagements die Planung der Testaktivitäten und den damit verbundenen Testaufwand. In der Praxis sollte man bewährte Schätzmethoden anwenden, die auch im Projektmanagement Einsatz finden.

Abhängig von der Projektgröße wird der Testaufwand als Ganzes (top down), je Teststufe oder je Testaktivität (bottom up) ermittelt.

Man kann hier zwei Ansätze zur Schätzung des Testaufwands unterscheiden:

Metrikenbasierter Ansatz (wie Prozentsatz oder Relationenmethode):

- Schätzung des Testaufwands auf der Basis von Metriken früherer oder ähnlicher Projekte oder auf der Basis von typischen Werten (z. B. durchschnittliche Zeit für die Durchführung von Testfällen pro Stunde, Zeitanteil im Verhältnis von Entwicklung zum Test, Anzahl Tester gegen Anzahl Entwickler). Dies setzt natürlich eine sorgfältige Erfassung und Verfügbarkeit dieser Daten voraus!

- Beispiel: Verteilung des Testaufwands im V-Modell.

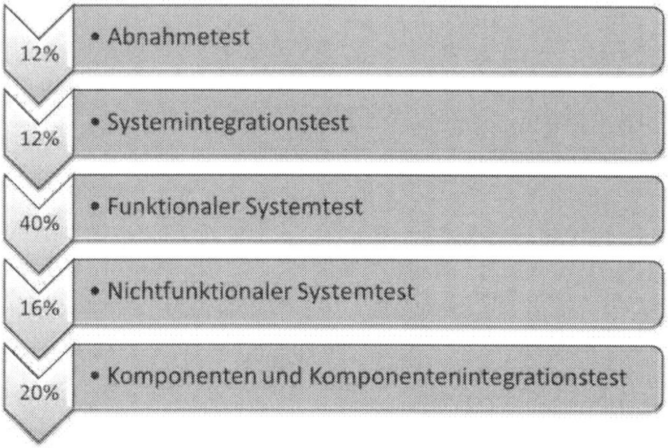

= 100% teststufenspezifischer Aufwand

+ 15% teststufenübergreifender Aufwand (nicht vergessen!)

In diesem Beispiel werden die einzelnen Prozentwerte auf eine vorgegebene Projektdauer übertragen, bzw. nach Durchführung der ersten Teststufe können die anderen Teststufen berechnet und die ursprüngliche Grobplanung überprüft werden.

Expertenbasierter Ansatz:

Die Schätzung des Testaufwands erfolgt, indem Aufgabe für Aufgabe der Aufwand mit anderen Testmanagern oder Experten geschätzt wird.

Beispiel hierfür Wideband Delphi:

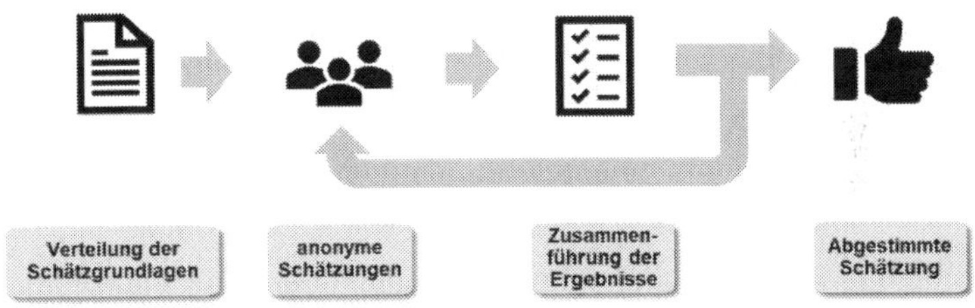

Weiterhin können auch folgende Methoden zum Einsatz kommen, die aber auch eine gewisse Routine und Akzeptanz der Methode voraussetzen:

Testpunktanalyse (TPA)

Der Aufwand für die Testdurchführung wird ähnlich wie bei der Function Points Analyse über ein komplexes Formelwerk berechnet, das auf Erfahrungswerten aufbaut.

Gewichtete 3-Punkt-Schätzung

Hierbei werden 3 Werte abgefragt, um auch den optimistischen Einfluss als auch den pessimistischen Wert mit zu berücksichtigen. Die Gewichtung erfolgt dann im Regelfall mit 1,4,1 und daraus wird der Mittelwert abgeleitet.

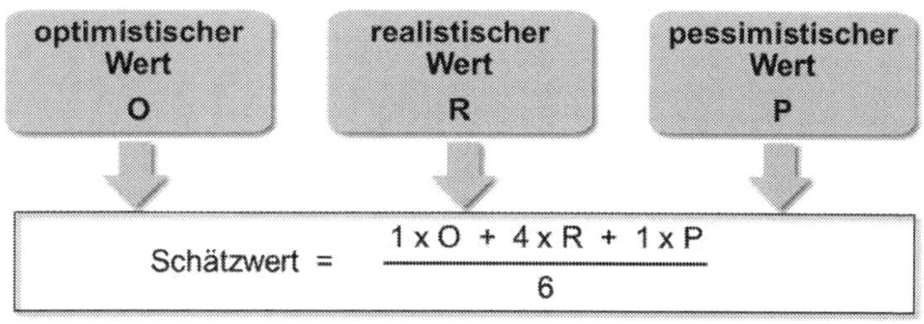

Geschätzter optimistischer Wert : 12w x 1

Geschätzter realistischer Wert: 16w x 4

Geschätzter pessimistischer Wert : 30w x 1

Alle 3 geschätzten Szenarien ergeben einen Wert von 106. Teilt man diesen jetzt durch 6, enthält man einen Aufwand von 17,66 w unter Berücksichtigung der optimistischen und pessimistischen Annahmen.

Nach einer durchgeführten Testaufwandsschätzung ist diese in einem Zeitplan/Aktivitätenplan abzubilden. Das ist die Grundlage für die Steuerung und Kontrolle der Testaktivitäten. In der Praxis wird Excel mit riesigen, unübersichtlichen Tabellen benutzt, um die Projektplanung durchzuführen, oder in Powerpoint wird ein Zeitstrahl erstellt, ggf. auf Schriftgröße 2 reduziert, um alles auf eine Seite zu bekommen.

Dies ist alles keine professionelle Zeitplanung! Aus meiner jahrelangen Erfahrung kann man auch im Testmanagement Projektplanungstools einsetzten, die einen bei der Planung, Kontrolle, Ressourcenverwaltung, Berichterstattung u. v. m. effizient unterstützen.

Als Beispiel hier ein Screenshot aus Microsoft Project. Eine routinierte Handhabung dieses Tools, wie bei allen anderen Tools auch, ist unbedingte Voraussetzung!

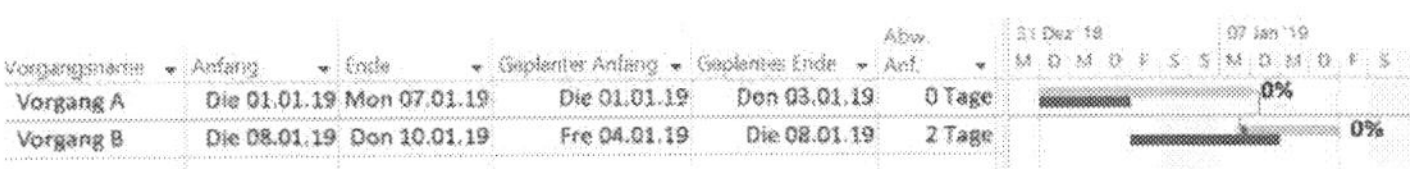

Vorgangsname	Anfang	Ende	Geplanter Anfang	Geplantes Ende	Abw. Anf.
Vorgang A	Die 01.01.19	Mon 07.01.19	Die 01.01.19	Don 03.01.19	0 Tage
Vorgang B	Die 08.01.19	Don 10.01.19	Fre 04.01.19	Die 08.01.19	2 Tage

Neben Zeitverschiebungen können auch alle anderen Abweichungen bzgl. Kosten oder Arbeit detailliert dargestellt (auch mit Ampelfunktionen) und ausgewertet werden. So kann der Projektplan stets die aktuelle Projektsituation darstellen.

8.2.7 TESTFORTSCHRITTSÜBERWACHUNG UND –STEUERUNG

Ziel der **Testfortschrittsüberwachung** ist es, Rückmeldungen über den aktuellen Stand der Testaktivitäten zu erhalten (Soll/Ist Vergleich).

Die nötigen Informationen können manuell oder automatisiert gesammelt werden. Anhand der Daten erfolgt eine Bewertung für z. B.:

- Die erreichten Testendekriterien
- Die erreichte Testüberdeckung
- Die bisher verbrauchte Zeit gegen den Zeitplan
- Die bisher entstandenen Kosten gegen das Budget

Durch die Testfortschrittsüberwachung werden Differenzen zwischen geplantem SOLL und tatsächlichem IST sichtbar. Die Testfortschrittsüberwachung obliegt dem Testmanager, er berichtet den Testfortschritt an die Projektleitung und signalisiert rechtzeitig, wenn sich der Aufwand unplanmäßig erhöht und dadurch Endtermine gefährdet sind.

Mittels Testfortschrittsüberwachung erkennt der Testmanager rechtzeitig Problembereiche. Um einen messbaren Überblick über den Testfortschritt zu erhalten, werden Testmetriken eingesetzt. Sie dienen dazu, den Testfortschritt mit dem Zeitplan und den geplanten Kosten zu vergleichen und z. B. (Test)Endekriterien zu messen.

Gebräuchliche Testmetriken:

Aktivitätenbasierte Metriken

- % der durchgeführten Arbeiten in der Testvorbereitung
- % der vorbereiteten geplanten Testfälle
- % der durchgeführten Arbeiten in der Vorbereitung der Testumgebung

Testfallbasierte Metriken

- Anzahl der durchgeführten Testfälle/Anzahl. der nicht durchgeführten Testfälle
- Anzahl der durchgeführten Testfälle/Anzahl. aller Testfälle
- Anzahl der bestandenen Testfälle/Anzahl der nicht bestandenen Testfälle

Fehlerbasierte Metriken

- Fehlerdichte
- gefundene und behobene Fehlerzustände
- Ausfallrate
- Fehlernachtestergebnisse

Testobjektbasierte Metriken

- Testüberdeckung der Anforderungen, Risiken oder des Codes

Kostenbasierte Metriken

- Testkosten inkl. der Kosten für den nächsten Testdurchlauf im Vergleich zum erwarteten Nutzen (vermiedene Fehlerkosten)

Weitere Metriken

- subjektives Vertrauen der Tester in das Produkt
- Daten der Testmeilensteine (Meilensteintrendanalyse)

Die so gewonnenen Informationen sollten in einem Testabschluss/Zwischenbericht dargestellt werden. Hierbei sollte wieder Wert auf die Standardisierung gelegt werden, damit eine Vergleichbarkeit zwischen verschiedenen Projekten gegeben ist.

Auch diese Informationen können für neue Projekte als Kennzahlen/Referenzwerte Verwendung finden. Aus der Norm ISO/IEC/IEEE 29119 abgeleitet, sollte ein Testabschlussbericht folgende Informationen enthalten:

- Testabschlussbericht-ID
- Management Summary
- Abweichungen vom Testkonzept, Testentwurf und Testszenarien mit Erläuterung
- Testabdeckung und Testumfang (IST und SOLL)
- Ergebniszusammenfassung mit allen behobenen und nicht behobenen Abweichungen

- Bewertung (je Testobjekt mit Testergebnissen)
- Zusammenfassung der Haupttestaktivitäten und -ereignisse mit bisher verbrauchten Ressourcen und Budget
- Unterschrift von allen Personen, die diesen Bericht genehmigen müssen

Eine grafische Darstellung bestimmter Sachverhalte erleichtert die Interpretation der Werte und sollte auf den jeweiligen Empfängerkreis abgestimmt werden (Vorstand, Projektleiter, Tester, Stakeholder…).

Beispiel einer Darstellung über den Stand der Abweichungen.

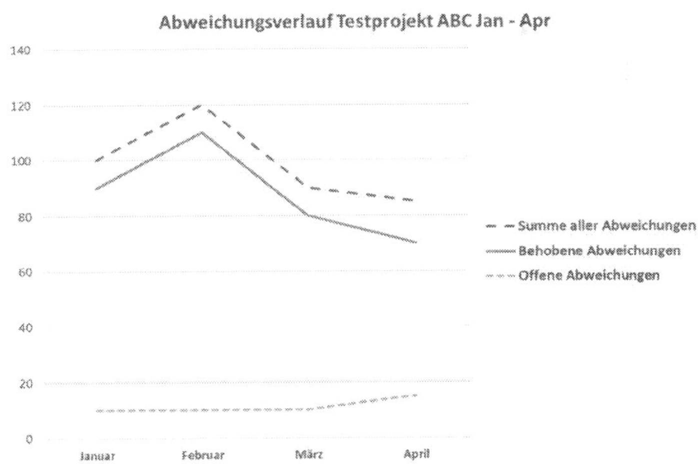

Gesamtkosten	Geplant	Abweichung	Aktuell	Verbleibend	Abw. Ampel
54.100,00 €	**89.846,00 €**	**-35.746,00 €**	**0,00 €**	**54.100,00 €**	
0,00 €	0,00 €	0,00 €	0,00 €	0,00 €	
40.000,00 €	**45.216,00 €**	**-5.216,00 €**	**0,00 €**	**40.000,00 €**	
30.400,00 €	17.760,00 €	12.640,00 €	0,00 €	30.400,00 €	
0,00 €	1.536,00 €	-1.536,00 €	0,00 €	0,00 €	
9.600,00 €	19.200,00 €	-9.600,00 €	0,00 €	9.600,00 €	
0,00 €	6.720,00 €	-6.720,00 €	0,00 €	0,00 €	
0,00 €	0,00 €	0,00 €	0,00 €	0,00 €	
12.900,00 €	**41.880,00 €**	**-28.980,00 €**	**0,00 €**	**12.900,00 €**	
0,00 €	24.680,00 €	-24.680,00 €	0,00 €	0,00 €	

Alternativ auch mit einer Ampelfunktion bezüglich der Abweichungen zu Kosten oder Zeit.

Die **Teststeuerung** stellt sicher, dass das Projektziel erreicht wird und umfasst „sämtliche Steuerungs- oder Korrekturmaßnahmen, die auf Basis der gesammelten Informationen und Metriken im Rahmen der Testfortschrittsüberwachung ergriffen werden".

Bei den Maßnahmen sollte vorher sorgfältig geprüft werden, ob nicht eine Reduzierung der Qualität die Folge ist. Folgende Maßnahmen sind möglich, die sich sowohl aufwandsneutral als auch aufwandsverändernd auswirken können:

- Anpassen (reduzieren) von gesetzten Testendekriterien (anstatt 100 % Entscheidungsüberdeckung reichen auch 80 %) und zu testenden Funktionen. (Wer übernimmt die Verantwortung, hohes Risiko in den nicht getesteten Abläufen und Funktionen)

- Modifikation des Zeitplans (heißt aber mehr Arbeit - höhere Kosten)
- Neupriorisierung von Testobjekten (Darf aber nicht zu einer Neupriorisierung zu Lasten der Qualität gehen, aus A Risiken werden B Risiken u. s. w.)
- Modifikation der Anzahl der Tester (Brooks's Law lautet: "Adding manpower to a late software project makes it later" – Zitat aus dem Buch "The Mythical Man-Month")

- Einführen von Schichtarbeit/Überstunden (Abstimmung Betriebsrat, Arbeitsschutzbestimmungen, Demotivation der Mitarbeiter)
- Modifikation der Testumgebung (schnellere Anwendung, zeitliche Verfügbarkeit erweitern)
- Testprozessänderung (alle Prozesse in Frage stellen, Reduzierung/Abschaffung von langwierigen Meetings)
- Anteil der Testressourcen erhöhen (anstatt 2 Tage die Woche, stehen die Tester aus dem Fachbereich nun 3 Tage oder mehr zu Verfügung)

8.2.8 Konfigurationsmanagement

Ziel des Konfigurationsmanagements ist es, kontrollierte und nachvollziehbare Änderungen der Softwareprodukte bei gleichzeitiger Wiederherstellbarkeit des Produktes zu einem beliebigen Zeitpunkt in seinem Lebenszyklus zu gewährleisten.

Dazu gehören folgende Aktivitäten:

- Identifizierung und Rückverfolgung der Versionen von jedem Softwareelement
- Wartung früherer und nach wie vor in Verwendung befindlicher Versionen
- Eindeutige Prüfgrundlage für den Test liefern
- Programme mit Spezifikationen, Testdaten und Testergebnissen verknüpfen
- Unkontrollierte, undokumentierte Modifikationen an Bausteinen verhindern
- Sichert die Nachweisbarkeit, welche Komponenten in welcher Version und mit welchen anderen Komponenten getestet wurden und somit auch die Wiederholbarkeit
- Stellt im Testprozess sicher, dass die zusammengehörenden Testobjekte, Testdokumente, Tests und Testrahmen wieder aufzufinden sind

Während der Testplanung sollten die Konfigurationsmanagementverfahren und Infrastruktur (Werkzeuge) ausgewählt, dokumentiert und implementiert werden.

Ein Konfigurationsmanagement (KM) ist von zentraler Bedeutung für erfolgreiches Testen. In der Regel ist ein Konfigurationsmanagement ohne Werkzeugunterstützung nicht möglich.

8.2.9 Risiko und Testen

Das Thema risikobasiertes Testen wird immer gern mit dem Begriff Priorisierung genannt. Darin ist auch einer der Gründe für den risikobasierten Ansatz zu finden. Wir wissen von Anfang an, dass wir zeitlich, ressourcentechnisch und budgettechnisch nicht in der Lage sind alle Tests durchzuführen.

Aber, wir wollen bei Beendigung des Tests das Beste erreichbare Testergebnis liefern, d. h. in der verfügbaren Zeit müssen die wichtigsten Tests durchgeführt werden.

Es beginnt mit der Festlegung der Reihenfolge: Beginn mit Testobjekten mit hohem erwartetem Schaden und hoher Fehlerwahrscheinlichkeit.

Hier stoßen wir an einen ersten Knackpunkt, die Eintrittswahrscheinlichkeit, als auch das exakte Schadensausmaß lassen sich in der Regel nur qualitativ beschreiben, z. B. in Form von Risikoklassen wie A, B, C, - hoch, mittel, niedrig oder 1, 2, 3. Die Eintrittswahrscheinlichkeit kann immer nur geschätzt werden (z. B. Meteoriteneinschlag), die Schadenshöhe in Euro zu berechnen ist a) sehr aufwendig und kann b) immer in Frage gestellt werden (Grundlagen, Annahmen, Berechnungen…).

Somit ist die Risikoformel „eigentlich“ einfach:

Risiko = Eintrittswahrscheinlichkeit x erwarteter Schaden

Um die Risiken auch in der Verantwortung richtig zuweisen zu können, ist eine Unterscheidung in die nachfolgenden Risikokategorien Projektrisiken + Produktrisiken sinnvoll.

8.2.9.1 Projektrisiken

Projektrisiken werden auch gerne als Planungsrisiken bezeichnet und liegen in der Verantwortung des Projektmanagements (Projekt/Programmleiter). Bei der Abgrenzung kann man sich am Testobjekt orientieren. Alle Risiken, die nicht direkt aus dem Testobjekt resultieren, sind per Definition Projektrisiken, wie:

- Komplexität der Technologie („Neuland“, keine Erfahrung)
- Zusammensetzung des Teams (Ausbildung, Erfahrung der Testbeteiligten)
- Konflikte/Kommunikation im Team
- Probleme mit Zulieferern (verspätete Lieferung)
- Räumlich/organisatorisch verteilte Teams (Vorgehensweise, Standorte)
- Altsystem oder Neuentwicklung (Know-how über Altsystem, Dokumentation)

- Werkzeuge, Technologie
- Fehlende Managementunterstützung
- Kein definierter Qualitätssicherungsprozess
- Häufige und späte Änderungen der Spezifikationen

Auch wenn alle aufgeführten und noch viele weitere Projektrisiken erwartungsgemäß zu einem Produktrisiko führen könnten, sind sie per Definition Projektrisiken. Im besten Fall könnte die Software doch trotz aller widrigen Umstände qualitativ hochwertig sein.

8.2.9.2 Produktrisiken

Auch als Qualitätsrisiko bezeichnet, sind alle Risiken, die entstehen können, weil die Software/Produkt schlechte Eigenschaften besitzt, die sich aber direkt aus dem Testobjekt ableiten müssen, wie z. B.:

- Noch Fehler in der Software (unreife Software)
- Schadenspotenzial der Software/Hardware (z. B. automatische Türschließung)
- Fehlende Funktionen Schlechte Softwareeigenschaften, z. B. nicht ausreichende Funktionalität, Performanceprobleme (Antwortzeitverhalten), Zuverlässigkeit, Benutzbarkeit

- Schlechte Datenintegrität und -qualität z. B. Datenmigrationsprobleme

Betrachtet man die beispielhaft aufgeführten Produktrisiken, so könnte man auch im Risikomanagement wieder die DIN 25010 (Qualitätsmerkmale von Software) anwenden, um eine Abdeckung aller funktionalen und nichtfunktionalen Qualitätsmerkmale zu erreichen.

Ähnlich wie im Projektmanagement durchläuft das Risikomanagement diese 3 Phasen, die sich immer wiederholen:

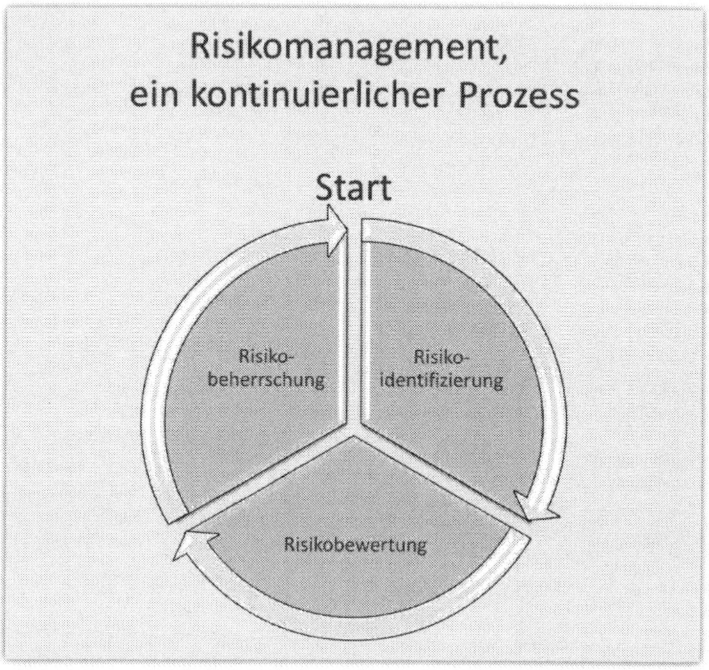

8.2.9.3 Risikoidentifizierung

Grundsätzlich sollte man für die Risikoidentifizierung einen breiten Personenkreis mit einbeziehen (alle Stakeholder), um unterschiedliche Erfahrungen und Sichtweisen zu berücksichtigen. Es geht erstmal um Masse statt Klasse. Grundsätzliche Möglichkeiten zur Identifizierung von Risiken:

- Experteninterviews (Risikoworkshops)
- Unabhängige Bewertungen
- Verwendung von Risikovorlagen
- Projektretrospektiven (Lesson Learned)
- Brainstorming
- Checklisten

Klassische Kreativitätstechniken unterstützen bei der Identifizierung. Auch auf den ersten Blick unwahrscheinliche Risiken (Meteoriteneinschlag) dürfen nicht direkt ausgegrenzt werden. Erst im Rahmen der Risikobewertung/-analyse wird über die Eintrittswahrscheinlichkeit und die Schadenshöhe eine Klassifizierung festgelegt.

Jetzt würde man den Meteoriteneinschlag zwar mit einer sehr hohen Schadensauswirkung einstufen, aber die Eintrittswahrscheinlichkeit nach Stand der Dinge eher als gering betrachten und somit in eine untere Risikoklasse einstufen.

8.2.9.4 Risikobewertung

Mi einer Risikoliste, z. B. als Excel-Tabelle, hat man stets einen Überblick aller bereits bekannter Risiken, als auch eine regelmäßige Kommunikation über den Status der jeweiligen Maßnahmen. In diesem Beispiel sind einige Risiken bei der Einführung einer papierarmen Sachbearbeitung durch ein Dokumenten-Management-System aufgeführt.

Risikoanalyse					**Bewertung**	**Maßnahmen**	
Nr.	**Status**	**Ursache**	**Ereignis**	**Auswirkung**		**Vorbeugung**	**Restrisiko**
		Was verursacht den Schaden	Was kann passieren	Unmittelbare Auswirkungen	Eintritt x Schaden	Maßnahmen zur Senkung des Eintritts und Schaden	Eintritt x Schaden
1	Monitoring	Schlechte Usability	System wird nicht genutzt	Weiterhin Papierbearbeitung	Hoch	Einbeziehen Stakeholder, Last und Performancetest	Mittel
2	Eingetreten	Scanner falsch justiert	Scanqualität für die Bearbeitung unzureichend	Nachscannen, Verzögerung in der Sachbearbeitung	Hoch	Scaneinstellungen testen, manuelle Qualitätskontrolle	Mittel

In bestimmten Bereichen ist die Vorgehensweise/Methodik der Risikoermittlung, als auch der Risikobeherrschung vorgeschrieben, wie bei sicherheitskritischer Software in den Bereichen Medizintechnik, Flugzeugbau, Automotive.

Hier kommen formale Verfahren zum Einsatz wie:

- FMEA
  (**F**ehler-**M**öglichkeiten-**E**influss-**A**nalyse/**F**ailure **M**ode and **E**ffects **A**nalysis)
- PRAM
  (**P**ragmatic **R**isk **A**nalysis and **M**anagement)
- QFD
  (**Q**uality-**F**unction-**D**eployment)
- PRAM
  (**P**ragmatic **R**isk **A**nalysis and **M**anagement)
- SST
  (**S**ystematic **S**oftware **T**esting)
- FBA
  (**F**ehler**b**aum-**A**nalyse)
- PRISMA
  (**P**roduct **Ri**sk **Ma**nagement)

8.2.9.5 RISIKOBEHERRSCHUNG

Zur Risikobeherrschung zählen die folgenden Maßnahmen, wobei auch unbedingt die organisatorischen Aspekte zu berücksichtigen sind.

Alle Beteiligten müssen über die Maßnahmen informiert sein und sich richtig verhalten (z. B. erst den Strom abstellen und dann das Wasser), sonst kann der Schaden noch größer werden.

Beim Akzeptieren ist der Zusatz „Aber nicht ignorieren“ wichtig. Wir haben das Risiko erkannt und bewertet, können aber keine direkten Maßnahmen ergreifen. Für den Meteoriteneinschlag könnten wir einen Plan B entwerfen, aber im Falle eines Falles ist es dann sowieso egal. Man könnte den Schaden versichern lassen, aber auch hier sind wirtschaftlichen Aspekte ausschlaggebend.

Beim Auslagern reicht es nicht, dem Facilitymanagement den Auftrag für eine Notstromversorgung per Protokoll zu erteilen. Auch hier heißt es ... und die 3. Partei weiß davon!

8.2.10 Fehlermanagement

Hauptziel des Testens ist das Finden von Fehlerzuständen und Dokumentation der Fehlerzustände, die während der Tests gefunden werden. Die Art und Weise, in der die Fehlerzustände aufgezeichnet und behoben werden, sollte an alle Beteiligten kommuniziert werden.

Eigentlich spricht man auch zuerst von einer Abweichung. Ob das Fehlverhalten der Software wirklich auf einem echten Softwarefehler basiert oder auch andere Gründe hat, zeigt sich erst bei einer weiteren Analyse.

Gängige Fehlerberichte, ob manuell oder werkzeugtechnisch unterstützt, haben folgende Hauptziele:

- Entwicklern und anderen Beteiligten Informationen über jedes aufgetretene unerwünschte Ereignis (Abweichung) zur Verfügung zu stellen, um sie in die Lage zu versetzen, die möglichen Fehlerzustände zu identifizieren und anschließend zu korrigieren oder anderweitig das Problem zu lösen (Workaround...)
- Dem Testmanagement die notwendigen Informationen zu geben, um die Qualität der Arbeitsergebnisse und die Auswirkungen auf das Testen nachzuverfolgen und

um die Ursachen festzustellen (z. B. plötzliches Ansteigen von gemeldeten Fehlerzuständen – Ursachen? - andere Testumgebung, neue Testdaten ...)

- Daraus abgeleitet Möglichkeiten für die Verbesserung der Entwicklung und des Testprozesses

Ein Beispiel für den Inhalt eines Fehlerberichts ist im ISO-Standard ISO/IEC/IEEE 29119-3 dargestellt, der auch als Abweichungsbericht bezeichnet wird.

Folgende Informationen sollte der Abweichungsbericht enthalten:

- Eine eindeutige ID (Kennung)
- Einen kurzen prägnanten Titel und eine kurze Zusammenfassung des gemeldeten Fehlerzustands
- Das Datum des Fehlerberichts, den Verfasser, seine Organisationeinheit
- Das Testelement und die Testumgebung
- Die Phase des Entwicklungszyklus, in der der Fehlerzustand gefunden/beobachtet wurde
- Eventuelle Hinweise auf die Auswirkungen des Fehlers in anderen Bereichen

- Eine nachvollziehbare Beschreibung des Fehlerzustands und Möglichkeiten zur Reproduzierbarkeit. Dazu gehören Screenshots und Protokolldateien
- Erwartete Ergebnisse und Ist-Ergebnisse, ggf. mit Beschreibung der Abweichung (z. B. komplizierte Berechnungsformeln)
- Den Fehlerschweregrad des Fehlerzustands - Bezug auf die Arbeitsdurchführung und Interessen der Stakeholder (kann später noch angepasst werden)
- Die Dringlichkeit/Priorität für die Behebung aus Sicht des „Fehlermeldenden“, kann später noch geändert werden
- Den aktuellen Status des Fehlerberichts (z. B. offen, zurückgestellt, doppelt, wartet auf Behebung, im Fehlernachtest, wieder geöffnet, geschlossen)
- Schlussfolgerungen, Empfehlungen und Freigaben (Wichtig! Keinerlei Bewertungen des Fehlers, bzw. des möglichen Fehlerverursachers)

Man muss alle am Test Beteiligten von der Wichtigkeit der im Abweichungsbericht erforderlichen Informationen überzeugen, auch wenn es einen gewissen formalen Aufwand darstellt, aber für die Fehlerfindung unerlässlich ist – Kommunikation!

Durch Toolunterstützung kann man das Fehlermanagement in einer Art Workflow abbilden und die Erfassung durch Systeminformationen und „drop down“ Felder unterstützen. Auch die Zuweisung und Aktualisierung des Fehlerstatus werden so unterstützt.

Eine ganz einfache Darstellung eines Fehlerworkflows könnte so aussehen:

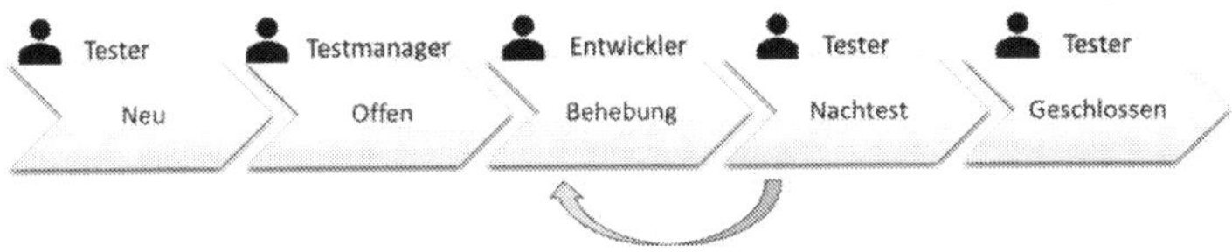

Entsprechende Rechte und Rollen können abgebildet werden, wie z. B., dass der Status „Geschlossen“ normalerweise nur vom Tester nach einem erfolgreichen Nachtest gesetzt werden darf/kann.

In der Praxis werden die Abweichungsberichte aus Sicht des Anwenders meistens mit der Priorität „Hoch“ und einem schnellstmöglichen Erledigungszeitpunkt versehen.

Auf der anderen Seite steht nur eine begrenzte Anzahl von Entwicklern zur Verfügung, die die gemeldeten Abweichungen analysieren und beheben können.

Daher ist es meistens notwendig, die Abweichungen nochmal neu zu priorisieren. Dafür kann ein sogenannter Fehlermanagement-Ausschuss eingesetzt werden, der in regelmäßigen Meetings über die zeitliche Abarbeitung der Abweichungen entscheidet.

Mögliche Besetzung von einem Fehlermanagement-Ausschuss (Fehler-Triage-Ausschuss).

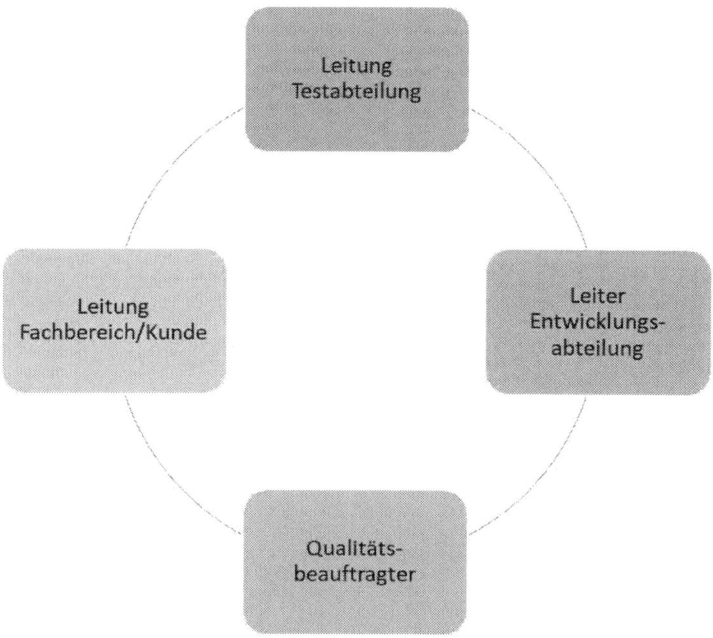

Je nach Problemstellung gibt es noch weitere Rollen, die an solchen Meetings teilnehmen, wie Projektleitung, Spezialisten für besondere Themen, Stakeholder.

Der Fehlermanagement-Ausschuss trifft sich regelmäßig, bei wichtigen Fällen auch spontan, um zu entscheiden, ob:

- Die Fehlerberichte auf einen möglichen Fehlerzustand hinweisen
- Welche Fehlerzustände behoben oder zurückgestellt werden

Diese Entscheidungen des Fehlermanagement-Ausschusses basieren auf der Betrachtung und Abwägung von:

- Nutzen (für den Anwender, Unternehmen)
- Risiken (die durch eine Nichtbehebung entstehen können)
- Kosten (Fehlerbeseitigung, Testen ...)

Das führt dann zu einer Entscheidung über die Priorisierung zur Abarbeitung der Fehlerberichte gem. folgender Aufteilung:

- Sofort beheben
- Später beheben
- Nie beheben

Testmanager und Tester sollten die Wichtigkeit der Fehlerzustände objektiv darstellen und auf eine professionelle, objektive und effektive Kommunikation zwischen allen Beteiligten achten.

Ein effektiver Fehlermanagementprozess mit entsprechender Werkzeugunterstützung (kein Excel!) ist unerlässlich für alle an der Softwareentwicklung beteiligten Parteien.

8.3 Allgemeine Prinzipien des Softwaretestens

Im aktuellen Lehrplan vom Foundation Level werden folgende Grundsätze des Testens herausgestellt, die als generelle Leitlinien in den letzten 40 Jahren beim Testen angesehen werden können:

Grundsatz 1: Testen zeigt die Anwesenheit von Fehlerzuständen

- Mit Testen wird die Anwesenheit von Fehlerzuständen nachgewiesen.
- Mit Testen lässt sich die Abwesenheit von Fehlerzuständen nicht beweisen. Durch ausreichendes Testen verringert sich die Wahrscheinlichkeit von unentdeckten Fehlerzuständen im Testobjekt. Selbst wenn keine Fehlerzustände im Test gefunden wurden, ist das kein Nachweis für Fehlerfreiheit.

Grundsatz 2: Vollständiges Testen ist nicht möglich

- Ein vollständiger Test ist i. d. R nicht durchführbar, mit Ausnahme von sehr trivialen Testobjekten. Tests sind immer nur Stichproben, und der Testaufwand ist entsprechend Risiko und Priorität festzulegen.

Grundsatz 3: Mit dem Testen frühzeitig beginnen

- Um Fehlerzustände frühzeitig zu finden, sollten die Testaktivitäten so früh wie möglich beginnen (Beispiel: Statischer Test).

Grundsatz 4: Häufung von Fehlern

- Da, wo viele Fehlerzustände gefunden wurden, ist die Wahrscheinlichkeit, dass hier noch weitere Fehler vorhanden sind, ziemlich groß. Daher empfiehlt es sich hier weiter zu testen. Man spricht hier auch vom „Wespennestprinzip".

Grundsatz 5: Wiederholungen haben keine Wirksamkeit

- Wiederholungen der immer gleichen Tests ohne Veränderungen führen i. d. R. nicht zu neuen Erkenntnissen. Die Reproduzierbarkeit des Fehlers muss natürlich nachgewiesen sein.

Grundsatz 6: Testen ist abhängig vom Umfeld

- Je nach Branche, Einsatzgebiet und Umfeld des zu testenden Systems ist das Testen anzupassen. Finanzanwendungen werden beispielsweise anders getestet als sicherheitskritische Systeme.

Grundsatz 7: Trugschluss: „Keine Fehler" bedeutet ein brauchbares System

- Selbst wenn keine Fehler gefunden werden, muss das System nicht den Vorstellungen und Erwartungen der Nutzer entsprechen (Verifizierung/Validierung).

8.4 Die Psychologie des Testens

8.4.1 Humanpsychologie des Testens

Diesen neuen Begriff im Lehrplan kann man im Internet nachschlagen und die „einfachste“ Definition ist:

„Das Hauptmerkmal der Humanpsychologie besteht darin, den Menschen als ein Ganzes anzusehen und zu begreifen, dass es verschiedene Faktoren gibt, die die psychische Gesundheit bestimmen. Diese sich gegenseitig beeinflussenden Faktoren sind: unsere Emotionen, unser Körper, unsere Gefühle, unser Handeln, unser Denken, etc“

Im Rahmen der Testmanagementaktivitäten sollten daher folgende Regeln umgesetzt werden:

Die aufgedeckten Fehlerzustände müssen den „Verursachern“ (Autor, Designer, Entwickler etc.) mitgeteilt werden. Hierbei gilt:

- Konstruktiv (ausreichende Informationen über das Fehlverhalten mit der Möglichkeit zur Reproduktion)
- Sachlich (keinerlei Bewertung des Fehlers, jeder kann Fehler machen)
- Objektiv (keine Bewertung von fachlichen Qualifikationen)

- Sicherstellen, dass die Kommunikationspartner sich verstanden haben (anderer Kulturkreis…)
- **Wertschätzung** 

Grundsätzlich haben alle Beteiligten ein Ziel: fehlerfrei funktionierende Software, die den Anforderungen des Kunden entspricht.

Wie die am Test beteiligten Personen miteinander umgehen, wie sie miteinander kommunizieren, ob sie einander vertrauen und wie motiviert sie sind, macht das Projekt zum Erfolg!

Im Gegensatz zu den misserfolgsvermeidenden Management-Tätigkeiten ist hier Führung gefragt oder mit den Worten von Antoine de Saint-Exupéry:

> „Wenn Du ein Schiff bauen willst, so trommle nicht Männer zusammen, um Holz zu beschaffen, Werkzeuge vorzubereiten, Aufgaben zu vergeben und die Arbeit einzuteilen, sondern lehre die Männer die Sehnsucht nach dem weiten endlosen Meer“

Notizen, Anmerkungen:

9 Testwerkzeuge

9.1 Klassifizierung von Testwerkzeugen

Die Klassifizierung von Werkzeugen kann nach verschiedenen Kriterien vorgenommen werden.

- Einsatzzweck/Testprozess
- Unterscheidung in kommerziell/kostenlos/Open-Source
- Verwendete Technologie/Branchen

Bildet man die Werkzeuge nach Einsatz im Rahmen des fundamentalen Testprozesses ab, so sind folgende Klassifizierungen möglich:

9.1.1 Werkzeugunterstützung für das Management des Testens

- Testmanagementwerkzeuge
- Anforderungsmanagementwerkzeuge
- Fehler- und Abweichungsmanagementwerkzeuge
- Konfigurationsmanagementwerkzeuge

9.1.2 Werkzeugunterstützung für den statischen Test

- Reviewwerkzeuge
- Statische Analysewerkzeuge
- Modellierungswerkzeuge

9.1.3 Werkzeuge zur Testspezifikation

- Testentwurfswerkzeuge
- Testdatengeneratoren
- Testdateneditoren

9.1.4 Werkzeuge zur Testdurchführung und Protokollierung

- Testausführungswerkzeuge (Mitschnittwerkzeuge, Testroboter, Capture-and-Replay-Tools
- Testrahmen/Unittest-Framework
- Vergleichswerkzeuge/Komparatoren
- Überdeckungsanalysatoren
- Sicherheitsprüfwerkzeuge
- Simulatoren

9.1.5 Werkzeuge für Performanzmessungen und Testmonitore

- Dynamische Analysewerkzeuge
- Performanz-/Lasttest-/Stresstestwerkzeuge

9.1.6 Werkzeugunterstützung für spezifische Anwendungsbereiche

- Usability Tests
- APP-Testing

9.2 Nutzen und Risiken beim Werkzeugeinsatz

Vor dem Einsatz von Testwerkzeugen, egal an welcher Stelle des Testprozesses, sollte man folgende Aussagen betrachten und diese auch beachten:

- Jeder Einsatz von einem Testwerkzeug bedeutet zuerst mehr Aufwand, um einen tatsächlichen und nachhaltigen Nutzen zu erreichen
- Die Nutzung eines Testwerkzeugs bringt nur dann Vorteile, wenn ein reifer Testprozess als solcher beherrscht wird und auch routiniert abläuft
- Blindes Vertrauen in das Werkzeug - nicht adäquater Einsatz
- Unrealistische Erwartungen an das Werkzeug

9.3 Rentabilität von Testwerkzeugen

Eingeführte Werkzeuge müssen einen Mehrwert für die Arbeit des Teams darstellen und dem Unternehmen gegenüber eine positive Rentabilität nachweisen. Daher ist es Aufgabe des Testmanagements die Rentabilität mittels einer Kosten-Nutzen-Analyse vor der Anschaffung bzw. der Entwicklung eines Werkzeuges zu berechnen.

Dabei sollte folgende Kostenarten berücksichtigt werden:

Einmalige Kosten:

- Spezifizieren der Anforderungen an das Werkzeug
- Evaluierung und Auswahl
- Kauf, Anpassung oder Eigenentwicklung des Werkzeugs
- Einführungsschulung für das Werkzeug (User, Administrator)
- Integration/Schnittstellen mit anderen Werkzeugen
- Beschaffen der erforderlichen Hardware/Software, um das Werkzeug in Betrieb nehmen zu können
- Evtl. Zertifizierungen (durch regulatorische Anforderungen)

Wiederkehrender Kosten:

- Wartung
- Lizenz- und Supportgebühren
- Laufende Schulungs- und Betreuungskosten
- Portabilität
- Anpassen des Werkzeugs an zukünftige Erfordernisse
- Prozessverbesserungen, um die optimale Nutzung des Werkzeuges sicherzustellen

Eine aktuelle Übersicht der div. Testwerkzeuge kann nur zeitnah erfolgen, da sich die Angebote und der Funktionsumfang der Tools ständig ändern.

Diese beiden Webseiten geben einen Überblick der auf dem Markt verfügbaren Testwerkzeuge mit kurzen Beschreibungen (kein Anspruch auf Vollständigkeit!).

https://www.qasymphony.com/blog/100-plus-best-software-testing-tools/

https://www.guru99.com/testing-tools.html

Notizen, Anmerkungen:

10 Anlagen

10.1 Geschäftswert des Testens

Der Geschäftswert des Testens wird häufig nicht bestimmt! D. h.:

- Die meisten Unternehmen sehen das Testen in gewisser Weise als eine wertvolle Investition für die Qualitätssicherung an,
- ... aber nur wenige Testmanager und andere Qualitätsverantwortliche können diesen Wert quantifizieren, beschreiben oder in Worte fassen

Im Beispiel wird eine Möglichkeit für die Wirtschaftlichkeitsbetrachtung des Testens, auch als Geschäftswert des Testens bezeichnet, beschrieben:

In einem fiktiven Unternehmen wird im Laufe der Zeit erkannt, dass die Behebung von Fehlern einen nicht unbeträchtlichen Kostenaufwand mit sich bringt. Folgende Zahlen konnten ermittelt werden:

- Durchschnittlich gefundene, produktionshinderliche oder stark einschränkende Fehler pro Release (vor und nach Auslieferung): **1000**

- Die Korrektur eines Fehlers, der beim Testen (Intern) gefunden wird, kostet durchschnittlich: **100 Euro**
- Die Korrektur eines Fehlers, der nach der Auslieferung durch Benutzer gefunden wird, kostet: **1.000 Euro**
- Kosten der Aufdeckung von Fehlern (Fixkosten) belaufen sich auf 50.000 €
- Erreichte Fehlerfindungseffektivität (Fehler vor Auslieferung gefunden und behoben): 50 %

Somit entstehen für die Findung und Behebung der Fehler folgende Kosten:

Fehleraufdeckung (Fixkosten)	50.000
Behebung der Fehler intern (50 % Fehlerfindungseffektivität, 500 x 100 €)	50.000
Behebung der Fehler nach Auslieferung (restliche 50 %, 500 x 1000 €)	500.000
Qualitätskosten (Gesamt)	**600.000**

Die Unternehmensleitung hat sich entschlossen mit div. Maßnahmen die Qualitätskosten zu senken. Dazu gehören:

- Die Tester des Fachbereichs werden in methodischen und systematischen Testfallentwurfsverfahren geschult und erhalten einen Überblick zu generellen Testverfahren
- Dieses Verfahren verwenden sie im Rahmen einer risikobasierten Teststrategie für Testobjekte mit einer hohen Risikoeinstufung (Risikoklasse A + B)
- Die Schulung der Mitarbeiter und die Umsetzung und Einführung der Testfallentwurfsverfahren erhöhen die Kosten der Fehleraufdeckung um 45.000 € auf 95.000 €

Damit ändern sich die Qualitätskosten durch eine erhöhte Fehlerfindungseffektivität auf 65 % (Fehler vor Auslieferung gefunden und behoben) wie folgt:

Fehleraufdeckung	50.000	95.000
Behebung der Fehler intern (65 % Fehlerfindungseffektivität 65 x 100 €)	50.000	65.000
Behebung der Fehler nach Auslieferung (extern x 1.000 €)	500.000	350.000
Qualitätskosten (Gesamt)	600.000	**410.000**

Trotz höherer Kosten für die Aufdeckung und interner Fehlerkorrekturen reduzieren sich die Qualitätskosten schon um 190.000 €. Aufgrund der Kostenreduzierung beschließt das Unternehmen weitere Maßnahmen um die Qualitätskosten zu senken, dazu gehören:

- Alle Tester nehmen an einer Zertifizierung zum ISTQB® Certified Tester Foundation Level teil
- Die dort erfahrenen Methoden und Verfahren werden in der Praxis angenommen und umgesetzt
- Zusätzlich werden ausgewählte Regressionstests mit einem Software-Werkzeug automatisiert ausgeführt

- Die Qualifizierung der Mitarbeiter, die Einführung und die Testautomatisierung erhöhen die Kosten der Fehleraufdeckung um weitere 15.000 € auf 110.000 €

Damit ändern sich die Qualitätskosten durch eine erhöhte Fehlerfindungseffektivität auf 90 % (Fehler vor Auslieferung gefunden und behoben) wie folgt:

Fehleraufdeckung	50.000	95.000	110.000
Behebung der Fehler intern (90 % Fehlerfindungseffektivität, 90 x 100 €)	50.000	65.000	90.000
Behebung der Fehler nach Auslieferung (extern x 1000 €)	500.000	350.000	100.000
Qualitätskosten (Gesamt)	600.000	410.000	**300.000**

Somit konnten die Qualitätskosten um 50 % gesenkt werden. Auch wenn es sich um ein fiktives Beispiel mit einfachen Zahlen handelt, aber alle Maßnahmen zur frühzeitigen Fehlerfindung und -behebung bringen einen enormen Kostenvorteil.

Nicht mit eingerechnet sind Kosten durch Imageverluste, verlorene Projekte, Regressforderungen etc. Für das Management könnte man die Werte jetzt noch in einem ROI (**R**eturn **o**n **I**nvest - der zusätzlichen Investitionen) darstellen, der dann einen stolzen Wert von 4,2 % und 5,0 % erreichen würde.

Jetzt hat man bedeutend bessere quantitative Argumentationspunkte, als nicht messbare Aussagen wie zufriedene Kunden/Anwender u. ä.

Um die Qualitätskosten berechenbar zu machen, kann man für die entstandenen Kosten sog. Kostenkategorien definieren und dann aufteilen. Eine Möglichkeit wäre diese:

Kostenkategorie	Tätigkeiten/Verfahren/Methoden
Fehlervermeidung	Präventive Maßnahmen: Schulung/Qualifizierung der Mitarbeiter Definieren von Firmenstandards (Programmierung, Anforderungsmanagement, Dokumentation, Verantwortlichkeiten, Prozesse)
Fehlerfindung	Alle Testverfahren/Methoden wie: Statische Tests (Review, statische Analyse)

	Dynamische Tests (Blackbox, Whitebox, Erfahrungsbasiert)
Interne Fehler-korrektur	Fehlerbehebung Fehlernachtest, erneuter Fehlernachtest Regressionstest Toolkosten Fehler- und Abweichungsmanagement
Externe Fehler-korrektur	Fehlerpatches Support vor Ort Hotlineanfragen

Einige Unternehmen übernehmen mittlerweile diese Vorgehensweise, um zum Thema Testen auch die erforderliche Notwendigkeit zu belegen und den Testaufwand zu argumentieren.

Natürlich sind dafür gewisse organisatorische Änderungen erforderlich, wie Änderungen im Fehler- und Abweichungsmanagementprozess, die Einbeziehung der Mitarbeiter und ggf. Betriebsrat, um die Maßnahmen nicht als Kontrollfunktion zu betrachten.

10.2 Testprozessverbesserung

In Testprojekten ab einer gewissen Größenordnung macht es Sinn, die einzelnen Aktivitäten in einem Testprozess festzuschreiben. Hiermit wird sichergestellt, dass das Rad nicht immer wieder neu erfunden wird und bewährte Techniken, Methoden und Vorgehensweisen angewandt werden.

Im Bereich Softwareentwicklung gibt es eine Reihe von Prozessbeschreibungen, die die Abläufe effizienter und kostengünstig gestalten sollen. Einige sind mit entsprechenden Auditierungen verbunden, wie z. B: CMMI, SPICE.

Aber auch beim Testen sind definierte Prozesse erforderlich. Hiermit wird gewährleistet, dass die Beteiligten die einzelnen Arbeitsschritte und deren Abfolge kennen, sowie die Vergleichbarkeit zwischen einzelnen Projekten gegeben ist.

Wenn man von einem Budgetanteil für das Testen von 25 – 40 % ausgeht, können Verbesserungen auch hier schon eine erhebliche Verbesserung mit sich bringen, um den Testprozess einfacher, effektiver und effizienter zu gestalten. Grundsätzlich liegt allen Prozessverbesserungsmodellen der sogenannte Demining Zyklus, auch als PDCA Zyklus bekannt, zu Grunde.

PDCA steht für **Plan** (Plan), **Do** (Tun), **Check** (Prüfung), **Act** (Aktion). Dies sind die vier Komponenten eines Kreises, jeder Teil entspricht einem Viertel des Kreises oder "Rads". PDCA liegt dem als kontinuierliche Verbesserung bekannten Prozess zu Grunde. (W. Edwards Deming 14. Oktober 1900 bis † 20. Dezember 1993)

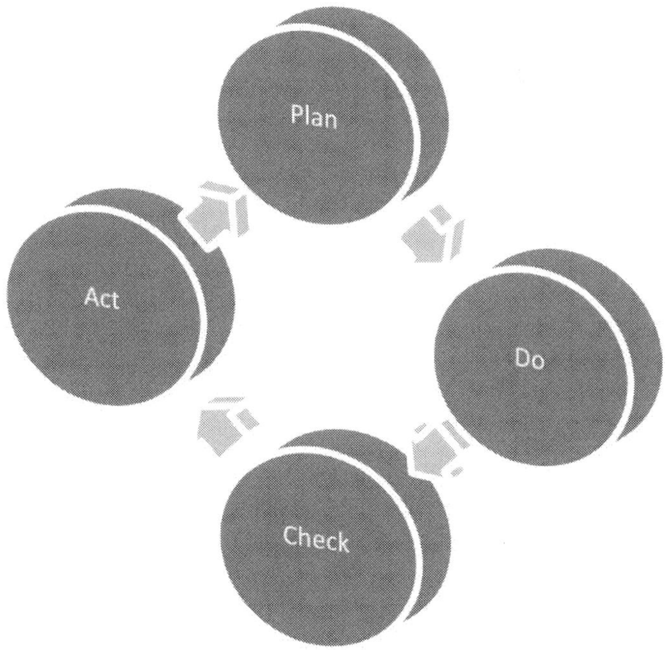

10.3 Übersicht von Testprozessverbesserungs-modellen

Von den etablierten Prozessverbesserungsmethoden stelle ich hier zwei vor. Einmal einen Vertreter der sogenannten Reifegrad- oder Stufenmodelle (TMMI) und eine Methode als Beispiel für ein kontinuierliches Modell (TPI Next).

Bei den Reifegradmodellen (Beispiel TMMI) wird eine Prozessverbesserung in ganz bestimmten Schritten mit fest definierten Verbesserungsmaßnahmen vorgegeben und anschließend auditiert.

Bei den kontinuierlichen Modellen (Beispiel TPI Next) kann das Unternehmen selbst entscheiden, an welchen Prozessen eine Verbesserung erfolgen soll. Lediglich die Reihenfolge in einem Prozess und gewisse Abhängigkeiten sind vorgegeben.

10.3.1 TMMI

Als Beispiel für ein sogenanntes Stufenmodell/Reifegradmodell stelle ich hier das TMMI vor. **T**est **M**aturity **M**odel **I**ntegration: „Ein fünfstufiges Rahmenwerk für die Testprozessverbesserung, das mit dem Capability Maturity Model Integration (CMMI®) verwandt ist und die Schlüsselelemente eines effektiven <u>Testprozesses</u> beschreibt." [GTB-GLOSS].

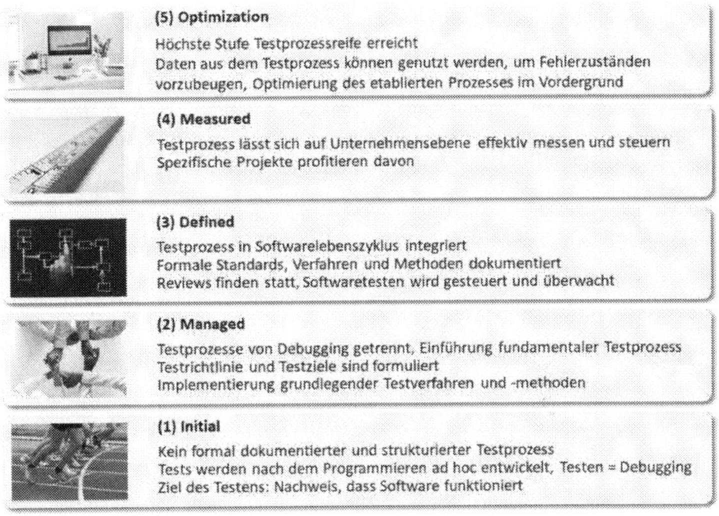

Die Bewertung erfolgt auf Basis der Erreichung der den Reifegraden zugeordneten Zielen, in den dazu gehörenden Prozessbereichen und anschließenden Bewertungen, die hier im Detail nicht erläutert werden. Weitere Infos unter https://www.tmmi.org/.

10.3.2 TPI Next

„Ein durchgängiges Rahmenwerk für die Testprozessverbesserung, dass die Schlüsselelemente eines effektiven und effizienten Testprozesses beschreibt". Entwickelt und registriert durch Sogeti Nederland B.V.

Die Basis dieses Testprozessverbesserungsmodells ist die sogenannte Standardreifegradmatrix mit 16 Kernbereichen und 4 Reifegraden. Mittels eines Fragenkatalogs wird zu jedem Kernbereich die aktuelle Ist-Situation aufgenommen. Kann eine Frage nicht positiv beantwortet werden, stoppt die Bewertung an diesem Punkt des Kernbereichs und der nächste Kernbereich wird analysiert. Diese Methode eignet sich sehr gut zur Selbstauditierung, eine korrekte Beantwortung der Fragen vorausgesetzt.

Kernbereich / Reifegrad	Initial	Kontrolliert				Effizient				Optimierend		
1 Engagement der Stakeholder		1	2	3	4	1	2	3		1	2	3
2 Grad der Beteiligung		1	2	3	4	1	2	3		1	2	
3 Teststrategie		1	2	3	4	1	2	3		1	2	
4 Testorganisation		1	2	3	4	1	2	3	4	1	2	3
5 Kommunikation		1	2	3	4	1	2	3		1	2	
6 Berichterstattung		1	2	3		1	2	3		1	2	
7 Testprozessmanagement		1	2	3	4	1	2	3		1	2	
8 Kostenschätzung und Planung		1	2	3	4	1	2	3	4	1	2	3
9 Metriken		1	2	3		1	2	3	4	1	2	
10 Fehlermanagement		1	2	3	4	1	2	3	4	1	2	3
11 Testwaremanagement		1	2	3	4	1	2	3		1	2	3
12 Methodisches Vorgehen		1	2	3		1	2	3	4	1	2	
13 Professionalität der Tester		1	2	3	4	1	2	3	4	1	2	3
14 Testfalldesign		1	2	3		1	2	3	4	1	2	3
15 Testwerkzeuge		1	2	3		1	2	3	4	1	2	3
16 Testumgebung		1	2	3	4	1	2	3	4	1	2	3

Für jeden Kernbereich gibt es die Reifegrade (Initial), Kontrolliert, Effizient und Optimierend mit je 3 - 4 Fragen. Eine positive Beantwortung führt zu einem Fortschritt in dem jeweiligen Reifegrad. Als Beispiel zu dem Kernbereich 14, Testfalldesign, sind folgende Fragen verbindlich vorgesehen:

Für den Reifegrad **„Kontrolliert"**	Die Testfälle machen die Testdurchführung wiederholbar und personenunabhängig.
14.1	Die Testfälle werden auf logischer Ebene erfasst.
14.2	Die Testfälle bestehen aus einer Beschreibung: a) der Ausgangssituation, b) des Änderungsprozesses = den durchzuführenden Testaktionen, c) dem vorhergesagten Ergebnis.
14.3	Die Testfälle geben Auskunft darüber, welcher Teil der Testbasis, der ein spezifisches Systemverhalten beschreibt, getestet werden soll.
Für den Reifegrad **„Effizient"**	Der Entwurf von Testfällen, die auf das Erreichen einer spezifischen Überdeckung abzielen, unterstützt eine systematische Ausarbeitung der Teststrategie.
14.1	Die Testfälle können von anderen Fachleuten innerhalb der Testorganisationseinheit verstanden und gewartet werden.
14..2	Die Testfälle bestehen aus einer Beschreibung: a) der Ausgangssituation, b) des Änderungsprozesses = den durchzuführenden Testaktionen, c) dem vorhergesagten Ergebnis.

14.3	Die Testfälle geben Auskunft darüber, welcher Teil der Testbasis, der ein spezifisches Systemverhalten beschreibt, getestet werden soll.
Für den Reifegrad **„Optimierend"**	Die Bewertung von Testfällen, Testdesigntechniken und Fehlern schafft eine Möglichkeit, die Testeffektivität zu erhöhen.
14.1	Die Testfälle werden auf logischer Ebene erfasst.
14..2	Die Testfälle bestehen aus einer Beschreibung: a) der Ausgangssituation, b) des Änderungsprozesses = den durchzuführenden Testaktionen, c) dem vorhergesagten Ergebnis.
14.3	Die Testfälle geben Auskunft darüber, welcher Teil der Testbasis, der ein spezifisches Systemverhalten beschreibt, getestet werden soll.

In der ausgefüllten, aktualisierten Matrix kann man nach Abarbeitung aller Fragen die aktuelle Situation ablesen und Bereiche definieren, in denen man eine Verbesserung erzielen möchte.

Das ist der Vorteil zu den Reifegradmodellen, hier kann man selbst die Prozesse bestimmen, bei denen man eine Verbesserung erreichen will. Der Fragenkatalog gibt konkrete Hinweise welche Prozesse wie angepasst werden müssen, um im jeweiligen Reifegrad eine Verbesserung zu erzielen. In den schraffierten Kernbereichen möchte man eine Verbesserung erzielen.

Ist Zustand **angestrebte Verbesserung**

Kernbereich / Reifegrad	Initial	Kontrolliert				Effizient				Optimierend		
1 Engagement der Stakeholder		1	2	3	4	1	2	3		1	2	3
2 Grad der Beteiligung		1	2			1	2	3		1	2	
3 Teststrategie				3	4	1	2	3		1	2	
4 Testorganisation						1	2	3	4	1	2	3
5 Kommunikation		1	2	3	4	1	2	3		1	2	
6 Berichterstattung		1	2	3		1	2	3		1	2	
7 Testprozessmanagement		1	2	3		1	2	3		1	2	
8 Kostenschätzung und Planung		1	2	3		1	2	3	4	1	2	3
9 Metriken		1	2	3		1	2	3	4	1	2	
10 Fehlermanagement		1	2	3	4	1	2	3	4	1	2	3
11 Testwaremanagement				3	4	1	2	3		1	2	3
12 Methodisches Vorgehen		1	2			1	2	3	4	1	2	
13 Professionalität der Tester		1	2	3	4	1	2	3	4	1	2	3
14 Testfalldesign		1	2			1	2	3	4	1	2	3
15 Testwerkzeuge						1	2	3	4	1	2	3
16 Testumgebung		1	2	3		1	2	3	4	1	2	3

Nach Umsetzung/Einführung der entsprechenden Verbesserungen kann mittels des Fragenkatalogs die Erreichung/erfolgreiche Umsetzung geprüft werden.

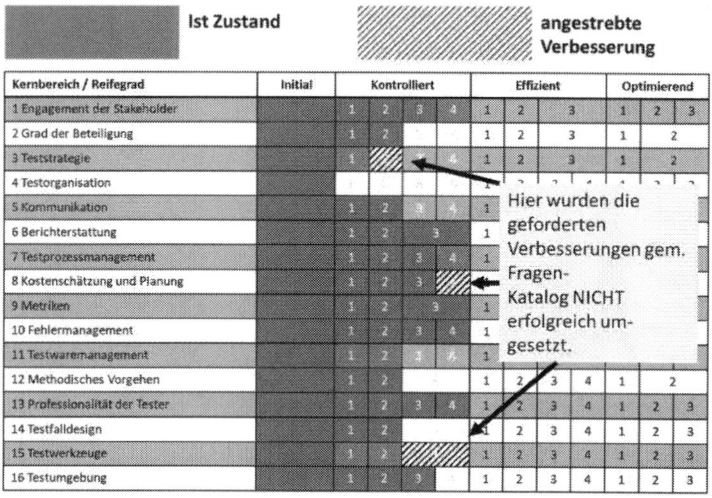

10.4 Stakeholder (Projektumfeld)

In renommierten Untersuchungen werden Aussagen getroffen, dass mehr als 50 % aller Projekte an der Ablehnung durch die Stakeholder „scheitern". Wobei das „Scheitern" nicht weiter beschrieben ist.

Es kann auch heißen, verzögerte Einführung, geänderte Funktionalitäten. Auch wenn es nur die Hälfte des o. a. % Wertes wäre, eine Zahl, die dafürspricht, sich unbedingt mit dem Thema Stakeholder (Projektumfeld) zu beschäftigen, auch wenn es eigentlich die Aufgabe des Projektleiters ist.

Wer oder was sind die Stakeholder?

Stakeholder sind alle Personen, Gruppen, Organisationen und Stellen, die direkt oder indirekt

- Grundsätzlich ein berechtigtes Interesse am Projekt/Testen und dem Projektergebnis/Testergebnis haben
- In irgendeiner Weise vom Projekt, dem Testen und dem Projektergebnis betroffen sind
- Den Anspruch haben, Einfluss auf das Projekt und das Projektergebnis zu nehmen

Stakeholder können das Projekt zum Scheitern bringen, aber es auch entscheidend voranbringen.

In der Stakeholderanalyse (Projektumfeldanalyse) geht es also darum:

- Mögliche Unterstützer und Promoter für das Projekt zu identifizieren
- Hindernisse und Widerstände, die von bestimmten Personen ausgehen könnten, frühzeitig zu erkennen
- Mögliche negativ eingestellte Stakeholder zu finden
- Die Betroffenen nicht übersehen
- Die individuellen Wünsche und Ziele der einzelnen Stakeholder vollständig aufnehmen

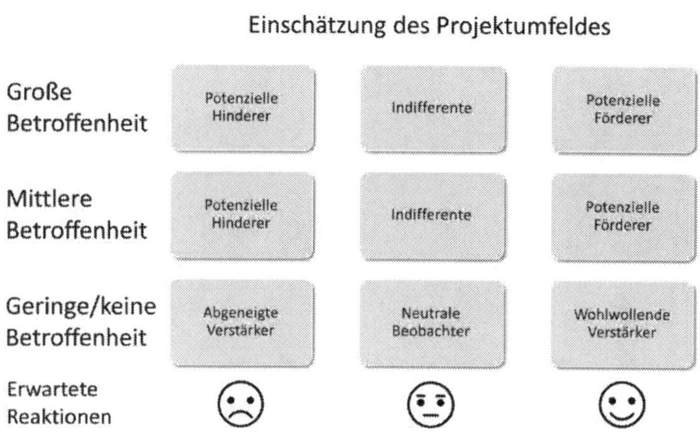

Für die einzelnen Rollen gilt es jetzt Maßnahmen zu finden, um die Reaktionen zum Positiven zu führen und die positiv gestimmten Stakeholder „bei Laune" zu halten. Hier spielt auch das Projektmanagementthema „Projektmarketing" (s. nächste Seite) eine wichtige Rolle.

Maßnahmen im Rahmen einer Stakeholderanalyse:

Beteiligte	**Maßnahmen**
• Keyuser	• Mitarbeit im Projektteam
• Leiter Fachbereich	• Position im Steuerkreis/Lenkungsausschuss
• Betriebsrat	• Mitarbeit im Projektteam, von Anfang an!

Betroffene	**Maßnahmen**
• Alle späteren Nutzer	• Befragung, Interviews, Information • **Betroffene zu Beteiligten machen**

Das Thema Information spielt eine extrem wichtige Rolle. Im Falle von Nichtinformation können sich „gefährliche“ Gerüchte aufbauen, die dann das ganze Projekt beeinträchtigen können.

Projektmarketing

Aus der Projektumfeldanalyse ergibt sich, wer als relevante Zielgruppe für das Projektmarketing in Frage kommt. Verschiedenste Möglichkeiten bieten sich hier an, eigene Seite im Intranet, Informationsveranstaltungen, Infoflyer, Produktdemos, Previews der neuen Programme...

Einen interessanten Ansatz hat eine Behörde umgesetzt und diese auch „aktiv beworben“, indem sie ein offenes Testcenter etabliert haben, wo die zukünftigen User nach kurzer Anmeldung mit den neuen Programmen arbeiten konnten. Unterstützung durch die Entwicklung und den Testbereich war stets gegeben.

Neben konstruktiven Anregungen wurde die Aktion sehr positiv aufgenommen.

10.5 Weiterführende Informationen/Links

Die in diesem Dokument erwähnten Markennamen oder Warenzeichen dienen lediglich der Identifikation und sind Eigentum ihrer jeweiligen Inhaber.

Die Fotografiken sind lizenzfrei von der Website www.pexels.com. Alle anderen Grafiken sind Eigentum des Autors und dürfen ohne Zustimmung nicht weiterverwendet/kopiert werden.

„Haftungshinweis: Trotz sorgfältiger inhaltlicher Kontrolle übernehme ich keine Haftung für die Inhalte externer Links. Für den Inhalt der verlinkten Seiten sind ausschließlich deren Betreiber verantwortlich."

Der neue Syllabus und weitergehende Informationen zu den Qualifizierungen im Bereich Testen sind auf der Seite des GTB (German Testing Board) zu finden. Dort stehen auch offizielle Musterprüfungen mit Lösungen zur Verfügung.

Eine sehr gute Informationsquelle zum Thema Projektmanagement findet man hier, viele Infos auch kostenlos: www.projektmagazin.de

10.6 Muster Testkonzept

Die nachfolgenden Punkte sollten in einem Testkonzept in Anlehnung an die Norm ISO/IEC/IEEE 29119 enthalten sein. Natürlich sind firmen- oder projektspezifische Veränderungen/Ergänzungen möglich und notwendig.

1. EINLEITUNG
2. TESTKONZEPT - ID
3. EINFÜHRUNG
   3.1. ZUSAMMENFASSUNG DER SOFTWAREMERKMALE MIT ANFORDERUNGEN
   3.2. ZUSAMMENFASSUNG DER ZU TESTENDEN SOFTWAREFUNKTIONEN
   3.3. ÜBERBLICK ÜBER DAS TESTKONZEPT
   3.4. WAS SOLL ERREICHT WERDEN?
   3.5. WARUM IST TESTEN NOTWENDIG?
   3.6. VERWEIS AUF ANDERE RELEVANTE DOKUMENTE
4. TESTGEGENSTAND
   4.1. IDENTIFIZIERUNG DER ZU TESTENDEN SOFTWARE ELEMENTE
   4.2. DEREN VERSIONEN/BEZEICHNER
   4.3. WIE SIE ZUM TESTEN ÜBERGEBEN WERDEN
   4.4. VERWEISE AUF RELEVANTE DOKUMENTE

5. ZU TESTENDE FEATURES
6. NICHT ZU TESTENDE FEATURES
7. VORGEHENSWEISE/TESTMETHODEN
8. KRITERIEN FÜR ERFOLGREICHE/FEHLGESCHLAGENE TESTS
9. KRITERIEN FÜR TESTUNTERBRECHUNG/-WIEDERAUFNAHME
10. TESTERGEBNISSE/ERGEBNISTYPEN
    10.1. TESTAKTIVITÄTEN
    10.2. TESTPLANUNG UND -STEUERUNG
    10.3. TESTANALYSE UND TESTENTWUR
    10.4. TESTREALISIERUNG UND TESTDURCHFÜHRUNG
    10.5. TESTAUSWERTUNG UND BERICHT
    10.6. ABSCHLUSS DER TESTAKTIVITÄTEN
    10.7. ABHÄNGIGKEITEN ZWISCHEN TESTTÄTIGKEITEN
11. ANFORDERUNG AN DIE TESTUMGEBUNG
12. VERANTWORTLICHKEITEN
13. STELLENBESETZUNG UND SCHULUNGSBEDARF
14. ZEITPLAN (TESTPLAN)
15. RISIKEN UND RISIKOMANAGEMENT
16. GENEHMIGUNGEN

10.7 Übersicht ISTQB Zertifizierungen

10.7.1 Core Module

Die Core Module des Certified Tester vermitteln die grundlegenden Methoden, Techniken und Prozesse auf Foundation, Advanced und Expert Niveau.

Foundation Level

Der Foundation Level vermittelt die Grundlagen des Softwaretestens. Zielgruppe sind alle Personen, die Softwaresysteme entwickeln, testen oder abnehmen.

- Certified Tester

Advanced Level

Der Advanced Level vertieft den Stoff des Foundation Level und ist in drei Module untergliedert:

- Test Manager
- Test Analyst
- Technical Test Analyst

Expert Level

Der Expert Level richtet sich an erfahrene, professionelle Softwaretester und besteht aus einer Reihe von Modulen zu unterschiedlichen Spezialthemen.

- Improving the Test Process
- Test Management

10.7.2 Specialist Module

Die Specialist Module des Certified Tester vermitteln spezielle oder domänenspezifische Methoden, Techniken und Prozesse auf Foundation und Advanced Niveau.

Foundation Level

Der Foundation Level vermittelt die Grundlagen des Softwaretestens. Im Specialist Module mittels Weiterbildungsangeboten mit klarer Spezialisierung auf einen Fach- oder Anwendungsbereich.

- Model Based Tester
- Usability Testing
- Automotive Software Tester
- Performance Tester
- Test Data Specialist (GTB)

In Entwicklung

- Certified Professional for IoT (GTB)
- Gambling Industry Tester
- Mobile Application Tester
- Acceptance Testing

Advanced Level

Der Advanced Level vertieft den Stoff des Foundation Level und ist in zwei Module untergliedert:

- Security Tester
- Test Automation Engineer

10.7.3 Agile Module

Die Agile Module des Certified Tester vermitteln den Einsatz der grundlegenden Methoden, Techniken und Prozesse in agilen Projekten auf Foundation und Advanced Niveau.

Foundation Level (Advanced Level in Entwicklung)

Der Foundation Level vermittelt die Grundlagen des Softwaretestens in agilen Projekten. Zielgruppe sind alle Personen, die Softwaresysteme entwickeln, testen oder abnehmen.

- Agile Tester

Notizen, Anmerkungen:

10.8 Index

S

T

U

V

W

Z

10.9 Buchempfehlungen

Gebundene Ausgabe: 264 Seiten

Verlag: Carl Hanser Verlag GmbH & Co. KG

Sprache: Deutsch

ISBN-10: 34464143983, ISBN-13: 978-3446414396

Tom DeMarco beschreibt in seinem Roman „**Der Termin**“ über Projektmanagement lebhaft und anschaulich die Prinzipien und Absurditäten, die die Produktivität eines Software-Entwicklungsteams beeinflussen.

Mr. Tompkins, ein von einem Telekommunikationsriesen soeben entlassener Manager, hat die Aufgabe, sechs Softwareprodukte zu entwickeln. Dazu teilt Tompkins die ihm zur Verfügung stehende gigantische Entwicklungsmannschaft in achtzehn Teams auf - drei für jedes Produkt. Die Teams sind unterschiedlich groß und setzen verschiedene Methoden ein. Sie befinden sich im Wettlauf miteinander und haben einen gnadenlos engen Terminplan.

Mit seinen Teams und der Hilfe zahlreicher Berater, die ihn unterstützen, stellt Mr. Tompkins die Managementmethoden auf den Prüfstand, die er im Laufe seines langen Managerlebens kennen gelernt hat. Jedes Kapitel endet mit einem Tagebucheintrag, der seine verblüffenden Erkenntnisse zusammenfasst.

Auch alle weiteren Bücher von Tom DeMarco sind eine Fundgrube zu den div. Themen des Projektmanagements.

Taschenbuch: 352 Seiten

Verlag: O'Reilly; Auflage: 1

Sprache: Deutsch

ISBN-10: 395875175X, ISBN-13: 978-3958751750

„**Projekt Phoenix**". Bill ist IT-Manager bei Parts Unlimited. An einem Dienstagmorgen erhält er auf der Fahrt zur Arbeit einen Anruf seines CEO. Die neue IT-Initiative der Firma mit dem Codenamen Projekt Phoenix ist entscheidend für die Zukunft von Parts Unlimited, aber das Projekt hat Budget und Zeitplan massiv überzogen. Der CEO will, dass Bill direkt an ihn berichtet und das ganze Chaos in neunzig Tagen aufräumt, denn sonst wird Bills gesamte Abteilung outgesourct.

Mit der Hilfe eines Vorstandsmitglieds und dessen mysteriöser Philosophie der Drei Wege wird Bill klar, dass IT-Arbeit mehr mit dem Fertigungsbereich in einer Fabrik zu tun hat als er sich je vorstellen konnte. Die Zeit drängt: Bill muss dafür sorgen, dass der Arbeitsfluss auch zwischen den Abteilungen deutlich besser läuft und das Business-Funktionalität zuverlässig bereitgestellt wird.

Drei Koryphäen der DevOps-Bewegung liefern hier die rasante und unterhaltsame Story, in der sich jeder, der im IT-Bereich arbeitet, wiederfinden wird.

Sie erfahren nicht nur, wie Sie Ihre eigene IT-Organisation verbessern können - nach der Lektüre dieses Buchs werden Sie IT auch nie wieder so sehen wie zuvor.

Taschenbuch: 224 Seiten

Verlag: Entwickler.press; Auflage: 1

Sprache: Deutsch

ISBN-10: 3868028056, ISBN-13: 978-3868028058

Modellbasiertes Requirements Engineering. Ob agiler Kontext oder doch noch ganz klassisch: ein effizientes Anforderungsmanagement ist aus heutigen Unternehmen nicht mehr wegzudenken. Besonders herausfordernd ist es dabei, modellbasierte Ansätze für das Requirements Engineering nutzbar zu machen.

Angefangen mit traditionellen Methoden bis hin zur Agilität gewähren die Autoren einen detaillierten Einblick in die Materie und zeigen anhand faszinierender Ausführungen, wie man komplexe Anforderungen fehlerarm entwickelt und wie modellbasierte Ansätze das Requirements Engineering unterstützen und wie die Ergebnisse eines modellbasierten Requirements Engineerings für weitere Projektaktivitäten produktiv genutzt werden können. Dies wird insbesondere anhand des Testmanagements im Buch ausführlich gezeigt. Voraussetzung ist dabei stets eine angemessene Teamstruktur und deren Einbindung in unterschiedliche Softwareentwicklungskontexte. Auch diesen Themen wird von den Autoren der notwendige Raum eingeräumt.

Weitere Bücher vom Autor:

Taschenbuch: 100 Seiten

Verlag: CreateSpace ; Auflage: 1

Sprache: Deutsch

ISBN-10: 1539948439, ISBN-13: 978-1539948438

Microsoft Project 2016 – Einführung, Grundlagen, Praxis. Dieses Handbuch enthält auf 100 Seiten eine Beschreibung der wichtigsten Funktionen von Microsoft Project 2016 (auch für Project 2013 einsetzbar!!). Die Unterlage ist zum Selbststudium geeignet, wie auch als Schulungsunterlage für Schulungsanbieter und Trainer. (Die englische Version ist ebenfalls über Amazon Deutschland bestellbar - Versandkosten!!)

Alle Schritte zu einer Projektplanung unter MS-Project werden ausführlich beschrieben und mit aussagekräftigen Screenshots hinterlegt. Die Inhalte: Neue Funktionen in Microsoft Project 2016, Überblick Programmstruktur, Anlegen eines neuen Projektes, Vorgangsplanung, manuelle Planung vs. automatische Planung, Tabellen, Ressourcenplanung, Teamplaner, Kapazitätsabgleich, Kostenmanagement, Kostenarten, Budgetverfolgung, Projektcontrolling, Basisplan, Soll-Ist Vergleich- Projektfortschreibung, Benutzerdefinierte Felder (mit Formeln und Ampelfunktionen), Multiprojektmanagement, Teilprojekte, Ressourcenpool, Projektportfolio, Berichte und grafische Auswertungen, Anlage mit Übersicht aller MS-Project Felder, Earned Value Analyse, Standardeinstellungen ... u.v.m.

Taschenbuch: 100 Seiten

Verlag: CreateSpace ; Auflage: 1

Sprache: Englisch

ISBN-10: 1548138010, ISBN-13: 978-1548138011

Microsoft Project 2016 – Introduction, Basics, Practice. After the successful publication of my book about the basics of Microsoft Project 2016 in Germany (ranked among the top 50 of specialist books about project management), the English version is now available.This manual contains a description of the key functions of MS Project 2016 on 110 pages. The document is particularly suitable for self-study and also as training material for training providers and trainers. It describes all necessary steps of project scheduling with MS Project in detail and supports them with meaningful screenshots.

The content: Overview of program structure | setting up a new project | task scheduling, manual scheduling/automatic scheduling | tables | resource scheduling, team planner, resource leveling | cost management, cost types, budget tracking | project controlling, baseline, target/actual-comparison | project continuation | custom fields (including formulas and traffic light functions) | multi-project management, subprojects, resource pool, project portfolio | reports and visual evaluations | creation of a project with an overview of all MS Project fields, earned value analysis | shortcuts etc.

Taschenbuch: 145 Seiten

Verlag: CreateSpace ; Auflage: 1

Sprache: Deutsch

ISBN-10: 179064027X, ISBN-13: 978-1790640270

Microsoft Project 2019. Dieses Handbuch enthält eine Beschreibung der wichtigsten und neuen Funktionen der aktuellen Version von Microsoft Project 2019 (bis auf bestimmte Funktionen auch für Project 2016/2013 einsetzbar!).

Die Unterlage ist zum Selbststudium geeignet, wie auch als Schulungsunterlage für Schulungsanbieter und Trainer. Alle Schritte zu einer Projektplanung unter Microsoft-Project werden ausführlich beschrieben und mit aussagekräftigen Screenshots hinterlegt.

Die Inhalte: Neue Funktionen in Microsoft Project 2019, Überblick Programmstruktur, Anlegen eines neuen Projektes, Vorgangsplanung - manuelle Planung vs. automatische Planung, Agile Projektplanung, Kanban, Tabellen, Ressourcenplanung, Teamplaner, Kapazitätsabgleich, Kostenmanagement, Kostenarten, Budgetverfolgung - Projektcontrolling, Basisplan, Soll-Ist Vergleich - Projektfortschreibung, Benutzerdefinierte Felder (mit Formeln und Ampelfunktionen, automatische Erinnerung an Meilensteine), Multiprojektmanagement, Teilprojekte, Ressourcenpool, Projektportfolioberichte, Berichte und grafische Auswertungen, Anlage mit Übersicht aller Microsoft-Project Felder, Earned Value Analyse, Standardeinstellungen ... u.v.m.

Autor

Klaus Oberbörsch, Jahrgang 1955

Seit über 35 Jahren IT-Erfahrung in div. Branchen, insgesamt mehr als 45 Jahre Berufserfahrung. Einführung von MS-Project Server, u. a. bei SAP, FinanzIT. Seit 25 Jahren Trainer für Microsoft Project.

Zertifizierungen im Bereich Projektmanagement: GPM-IPMA – Projektmanagementfachmann, Prince2, ASQF Certified Professional for Project Management

Zertifizierungen im Bereich IT, Softwareengineering und Testen: ISTQB® Certified Tester Foundation Level, ISTQB® Advanced Level Testmanager, Fachkaufmann für DV-Organisation und Datenkommunikation (IHK), Versicherungskaufmann (IHK)

Aktuell als akkreditierter Senior Executive Trainer mit der Durchführung von Zertifizierungslehrgängen ISTQB® Certified Tester Foundation Level, ISTQB® Advanced Level Testmanager und ASQF Project Management mit überdurchschnittlichen Bestehensquoten europaweit tätig.

Autor des Handbuchs Microsoft Project 2016 – Grundlagen, Einführung, Praxis. Seit 2017 in deutscher und englischer Version bei Amazon verfügbar (Version Project 2019 in Arbeit – Veröffentlichung Januar 2019).

Danke an meine Frau Karin, die das Dokument kritisch überarbeitet und mir viel Freiraum für die Ausarbeitung gelassen hat.

Die Funktion des Managers besteht nicht darin,
Menschen zum Arbeiten zu bewegen, sondern
es den Menschen zu ermöglichen, zu arbeiten.

(Tom DeMarco)

Notizen, Anmerkungen:

13633394R00134

Printed in Germany
by Amazon Distribution
GmbH, Leipzig